AF452921

ARMORIAL

DE

LA SÉNÉCHAUSSÉE

DE

SAUMUR

ET

DU PAYS SAUMUROIS

Par J. X. CARRÉ DE BUSSEROLLE
Ancien vice-président de la Société archéologique de Touraine
Membre de la Société des gens de lettres.

SAUMUR

LIBRAIRIE MILITAIRE S. MILON FILS

46, rue d'Orléans, 46

SEUL FOURNISSEUR-ADJUDICATAIRE DE L'ÉCOLE DE CAVALERIE

1889

ARMORIAL

DE LA
SÉNÉCHAUSSÉE DE SAUMUR
ET
PAYS SAUMUROIS

ARMORIAL

DE

LA SÉNÉCHAUSSÉE

DE

SAUMUR

ET

DU PAYS SAUMUROIS

Par J. X. CARRÉ DE BUSSEROLLE

Ancien vice-président de la Société archéologique de Touraine
Membre de la Société des gens de lettres.

SAUMUR

LIBRAIRIE MILITAIRE S. MILON FILS

46, rue d'Orléans, 46

SEUL FOURNISSEUR-ADJUDICATAIRE DE L'ÉCOLE DE CAVALERIE

1889

PRÉFACE

———

Une assez grande partie des armoiries décrites dans le présent Recueil proviennent de l'*Armorial général*, établi en vertu de l'Édit de 1696.

Cet armorial est un document officiel, offrant tous les caractères de la légalité et de l'authenticité.

Il assure à toutes les familles, nobles ou non nobles, qui y sont mentionnées, une possession incontestable de leurs armoiries.

Voici, en effet, comment s'exprime l'édit dont nous venons de parler :

« Les armoiries des personnes, maisons et familles, ainsi régistrées, leur seront patrimoniales, et pourront, en conséquence, estre mises aux bastiments, édifices, tombeaux, chapelles, vitres et litres des églises paroissiales, où les droits honorifiques appartenaient aux défunts lors de leur décès, et sur les tableaux, images, ornements et autres meubles par eux légués ou donnés, et estre portées par leurs veuves, après leur mort, tant qu'elles demeureront en viduité.

« Elles seront en outre héréditaires à leurs descendants, à la charge, par ces derniers, de les présenter, faire recevoir et régistrer sous leurs noms, dans l'année du décès des chefs de famille et autres, auxquels elles auront appartenu. »

La question suivante a été soulevée au sujet de l'*Armorial général:*

Toutes les familles qui y figurent doivent-elles se considérer comme étant nobles ?

Non, assurément, et nous en trouvons la preuve dans le texte même de l'édit de 1696.

Il y est dit que : « Les brevets d'enregistrement d'armoiries sur lesquels elles seront désignées, peintes ou blasonnées, ainsi que dans les registres de l'*Armorial général,* ne pourront en aucun cas être tirés à conséquence pour preuve de noblesse. »

Dans l'*Armorial* même, on a eu soin de distinguer les membres de la noblesse, des roturiers, soit par la qualification d'écuyer, soit par celle de chevalier.

Au cours de notre travail, nous avons relevé avec soin ces qualifications.

Pour les marquer, nous nous sommes servis, suivant un usage adopté par presque tous les généalogistes, des abréviations éc., et chev.

Une autre abréviation, *sgr,* que l'on trouvera souvent, veut dire *seigneur* de tel fief.

A la mention des seigneuries, nous avons ajouté les Comparutions à l'assemblée de la noblesse du Saumurois, en 1789.

C'est une preuve de noblesse incontestable, alors même que le titre d'écuyer ou de chevalier aurait été omis.

ARMORIAL

DE LA

SÉNÉCHAUSSÉE

DE

SAUMUR

ET

PAYS SAUMUROIS

Abancourt (d') , éc., 1700.

D'argent, à une aigle de gueules, becquée et onglée d'or.

Abbadie (d') , chev., sgrs de Moncontour. — Comparution à l'ass. de la noblesse de l'Anjou, 1789.

De gueules, chargé d'un heaume d'or.

Achard de la Haye, chev., sgrs de Purnon. — Comp. à l'ass. de la noblesse de l'Anjou, 1789.

D'azur, au lion d'argent, armé et lampassé de gueules, et deux fasces de gueules brochant sur le tout.

Acquet, éc., sgrs de Ferolles et de St-Cyr-la-Lande. — Compar. à l'ass. de la noblesse de l'Anjou, 1789.

De sable, à trois seaux d'or, 2, 1.

Alègre (d') , éc., sgrs de St-Cyr-en-Bourg, XVe siècle.

De gueules. à la tour carrée, d'argent, accostée de six fleurs
de lis d'or, en pal.

Allouin (René) , garde du roi, 1700.

D'azur, au chevron d'argent accompagné de 3 fers de lance de
même.

Amenard, éc., sgrs de la Grande-Assay, XIVe siècle.

D'or, à cinq cotices d'argent.

Andigné, (d') , marquis de la Chasse. — Famille con-
nue dès 1121.

D'argent, à trois aigles de gueules, au vol abaissé, becquées
et membrées d'azur, 2, 1.

Anglure de Bourlemont (François d') , abbé de St-
Florent-de-Saumur, mort le 27 juin 1711. Cette famille a
possédé la terre de Neuillé, XVIIe siècle.

D'or, semé de grelots d'argent soutenus de croissants de
gueules.

Apault (Louis) , sénéchal de Vihiers, 1700.

D'or, à une croix pattée, de gueules.

Appelvoisin (d') , marquis de la Roche-du-Maine. —
Compar. à l'ass. de la noblesse de l'Anjou.

De gueules, à une herse d'or de trois traits.

Argouges de Boismoreau, dans la sénéchaussée de Saumur, 1700.

D'or, à trois fasces de gueules.

Armagnac de Nemours (d'), ducs de Nemours, sgrs de
Passavant, XVe siècle.

Écartelé, aux 1 et 4 d'argent, au lion de gueules ; aux 2 et 3
de gueules, au léopard lionné d'or.

Asmont (Jean-Baptiste) , directeur général des aides,
à Saumur et Montreuil-Bellay, vers 1700.

De gueules, à une montagne de dix coupeaux d'or dans une mer d'argent, ondée d'azur ; au chef cousu d'azur chargé d'un croissant d'argent, accosté de deux coquilles de St-Jacques, d'or.

Assy (Jean-Baptiste d') , comte de Gancourt, gouverneur de Saumur, mort le 2 juillet 1726.

D'argent, à deux lions passants, de sable, lampassés de gueules.

Aubert du Petit-Thouars, chev., sgrs du Petit-Thouars, de Bournais, etc. — Comp. aux ass. de la nobl. de l'Anjou et de la Touraine, 1789.

D'azur, au haubert d'or.

Aubigné (d'), chev., sgrs de la Grande-Assay, XVIIIe siècle, marquis de Villandry, 1738.

De gueules, au lion d'hermines, couronné, armé et lampassé d'or.

Augéard (d') , éc., sgrs de la Membrolle.

D'azur, à trois jars d'argent, 2, 1.

Avaugour (d'), éc., sgrs de Saunay, p. d'Ambillou, XVe et XVIe siècles.

D'argent, au chef de gueules, brisé d'une cotice d'azur.

Averton (d') , éc., sgrs de Saumoussay, XVe siècle.

De gueules, à trois jumelles d'argent.

Aviau de Piolant (d'), chev., sgrs du Bois-de-Sanxay, du Fresne, la Jarrie, etc. — Comp. à l'ass. de la nobl. de l'Anjou, 1789.

De gueules, au lion d'argent, couronné de même, la queue fourchée et passée en sautoir.

Avoir (Isabeau d') , abbesse de Fontevraud, m. le 2 juin 1284.

De gueules, à la croix ancrée, d'or.

Avril, éc., sgrs de Pignerolles et de Chauffour. —

Compar. à l'ass. de la nobl. de l'Anjou, 1789.

D'azur, au chevron d'argent, accompagné de 3 besans d'or.

Avril (Julien) , éc., sénéchal de Saumur, 1696.

D'argent, à l'arbre arraché, de sinople ; au chef d'or chargé de 3 roses de gueules surmontées d'un lambel de sable, de trois pendants ; parti d'azur, à une bande d'or accostée de deux croissants de même.

Avril (Mathieu) , curé de Vivy, mort le 7 décembre 1739.

D'argent, à un arbre de sinople, fruité de même, cotoyé de deux marguerites d'or, tigées et feuillées de sinople, le tout sur une terrasse de même.

Aymer de la Chevallerie (Louis-Henri-François), prieur-curé de St-Paul-du-Bois, chanoine d'Airvault, 1770.

D'argent, à une fasce componnée de sable et de gueules de 4 pièces.

Babault (Jacob) , lieutenant de l'élection de Montreuil-Bellay, vers 1700.

De gueules, au sautoir d'argent.

Babus (Mathurin) , notaire à la Séguinière, vers 1700.

De sable, à deux chevrons d'argent.

Banchereau (Pierre-Denis) , marchand à Doué, vers 1696.

D'argent, à trois fasces de sable.

Baraillon (Pierre) , éc., lieutenant des gardes du gouverneur du Haut-Anjou, vers 1700.

D'argent, au lion de gueules et une barre d'or brochant sur le tout.

Barbier (François) , marchand à Saumur, vers 1700.

D'azur, à une croix d'or.

Barjot (de) , éc., sgrs de Pimpéan, XVIIe siècle.

D'azur, au griffon d'or, le franc-canton rempli d'une étoilo de même.

Barjou (Gabriel de) , éc., sgr de l'Espronnière, vers 1700.

D'or, à un globe d'argent couronné d'or.

Barré (Marie) , veuve de N. Capel de Tilloy, chevau-léger, vers 1700.

D'azur, au chevron d'or accompagné en chef de deux croissants d'argent, et en pointe d'une croix pattée, de même.

Barré (Gabriel) , avocat à Saumur, vers 1700.

D'or, à trois corbeaux de sable, 2, 1.

Barrin de la Galissonnière, chev., marquis de la Galissonnière, (par lettres d'août 1701) . — Comp. à l'ass. de la nobl. de l'Anjou, 1789.

D'azur, à trois papillons d'or, 2, 1.

Bascher (René) , marchand à Ambillou, vers 1700.

D'azur, à trois bandes d'or.

Bascher (Hilaire) , marchand à Brigné, vers 1700.

De gueules, à trois cornets d'or.

Baschu (René) , marchand à Soulangé, vers 1700.

D'argent, à 4 fasces de gueules.

Baudrier (James) , greffier du grenier à sel de St-Remi, vers 1700.

D'or, à une croix pattée, de gueules.

Baudry d'Asson (Louise) , veuve de Henri-Louis Le Meigné, éc., sgr de Montchenin, vers 1700.

De gueules, à une bande d'argent chargée de trois coquilles de sable.

Bautru, éc., sgrs de Bel-Air, p. de Trèves-Cunaud, XVIIe siècle.

D'azur, au chevron accompagné en chef de 2 roses, en pointe d'une tête de loup arrachée, le tout d'argent.

Beaucher (de), éc., sgrs du Pré, vers 1700.

De gueules, au lambel de 5 pendants d'argent, en chef.

Beaucher (Perrine de), femme de Pierre Rousseau, éc., sgr de la Gorginière, vers 1700. .

D'argent, à une fasce de sable, accompagnée de trois molettes de même.

Beaujeu (Pierre de), prieur de Distré, 1730.

D'or, au lion de sable.

Beaumanoir de Lavardin (Charles de), prieur des Ulmes, mort le 16 novembre 1637.

D'azur, à 11 billettes d'argent, 4, 3, 4.

Beauregard (de), sgrs de la Tour-du-Bouchet. — Comp. à l'ass. de la nobl. du Saumurois, 1789.

D'argent, au chevron d'azur, accompagné de trois roses de gueules, 2, 1.

Beausire (Joseph), procureur du roi à Montreuil-Bellay, vers 1700.

De sable, à 4 fusées d'or en fasce accompagnées de 6 besans de même rangés. 3, 3.

Beauvallet (Charles), bourgeois de Bourgueil, vers 1696.

D'or, au lion de sinople, lampassé et armé de gueules.

Beauvau (de), chev., sgrs de Tigné et de Brigné, XVᵉ siècle.

D'argent, à quatre lions de gueules, cantonnés, armés, lampassés et couronnés d'or.

Beauvollier (Louis de), gouverneur du château de Montreuil-Bellay, 1586.

De gueules, à deux fers de lance mornés et contrepointés d'argent.

Becdelièvre (de) , chev., sgrs d'Écheuilly, marquis de Becdelièvre, (par lettres de 1654 et 1717) .

De sable, à deux croix de calvaire, tréflées, au pied fiché, d'argent, accompagnées d'une coquille oreillée, de même, en pointe.

Béchu (Jacques) , curé de Nueil, 1709.

D'azur, à trois bandes d'or.

Becquet du Vivier de Sonnay, éc., sgrs de Courchamps et de la Rochemenier. — Comp. à l'ass. de la nobl. du pays Saumurois, 1789.

De gueules, à trois chevrons d'argent.

Belaine (de) , éc., sgrs de Bazeau.

D'azur, à trois montagnes d'or; 2, 1.

Belin (Pierre) , curé de Chanteloup, 1688.

De sinople, à une croix potencée, d'or, rayonnée de même.

Bellay (du) , chev., sgrs de Neuillé, Avrillé, Benais, etc.

D'argent, à la bande fuselée, de gueules, accompagnée de six fleurs de lis d'azur, 3 en chef, 2, 1, et trois en pointe mises en bande.

Béllay (André) ; procureur fiscal à Doué, vers 1696 .

De gueules, au chevron d'or.

Belleré du Tronchay (de) , éc., sgrs du Tronchay, XVIIIe s. — Comp. à l'ass. de la nobl. du Saumurois, 1789.

D'or, à un porc-épic de sable.

Beloteau, éc.. sgs de la Treille, p. de Montreuil-B.

D'azur, au lion d'or ; au chef cousu, de gueules.

Benesteau (François) , sénéchal de Passavant, 1696.

De gueules, à deux haches d'argent, en sautoir.

Benoist de la Hussaudière, éc., sgr du Haut-Brizay et de la Mothe-Baracé. — Comp., en 1789, à l'ass. de la noblesse du Saumurois.

D'azur, au faucon d'or essorant et enserrant un rameau de laurier d'or.

Béranger (Maurice) , maître des postes de St-Martin, 1696.

D'or, à une bande de sable, chargée de trois croissants d'argent.

Béranger, éc., sgrs de la Guitterie, p. du Puy-Notre-Dame.

Gironné d'or et de gueules de 8 pièces.

Beraut (N.) , lieutenant-criminel en l'élection de Saumur, 1700.

D'azur, à une frette d'argent, chargée de trois merlettes de sable.

Beritault, éc., sgrs de la Bruère. — Comp., en 1789, à l'ass. de la nobl. du Saumurois.

De gueules, à trois fasces d'or.

Bernabé, éc., sgrs de la Haye, résidant dans l'élection de Montreuil-Bellay, XVIIᵉ siècle.

D'azur, à la croix d'or cantonnée de quatre colonnes d'or.

Bernard (de) , chev., sgrs de la Jaille et de la Coudraye. — Compar. à l'ass. de la nobl. du Saumurois, 1789.

D'argent à deux lions de sable, langués, onglés de gueules et passants l'un sur l'autre.

Bernier (Pierre) , fermier à Nueil, 1696.

D'argent, à trois fasces d'azur.

Berruyer. chev., sgrs de Morains, p. de Dampierre, 1600.

D'azur, à trois coupes couvertes, d'or, 2, 1.

Bertault (Daniel) , sgr de la Bertaudrie, vers 1700.

D'azur, à trois massacres de cerf, d'or, 2, I.

Berthelot (René) , marchand à St-Martin-de-la-Place, 1696.

D'argent, à une bande de sable chargée de trois coquilles d'or.

Berthelot (François) , sgr de Savigny, lieutenant en l'élection de Saumur, 1700.

D'or, à une bande d'azur, chargée de trois croissants d'argent.

Berthelot du Plessis et de Villeneuve, chev., sgrs de Boumois.

D'azur, au chevron d'or accompagné de 3 besans d'argent, 2, 1.

Berton de Crillon (François de) , abbé de St-Florent-de-Saumur, mort en 1721.

D'or, à cinq cotices d'azur.

Bertre (Jacques de) , éc., sgr de Vau-Rozet.

D'azur, au chevron d'or accompagné en chef de deux molettes d'argent, et en pointe d'un gantelet de même, couché, en fasce.

Berué (Jean) , lieutenant de bourgeoisie à Saumur, vers 1696.

Fascé d'argent et de gueules d · six pièces.

Berziau, éc., sgrs de Champgrimont.

D'azur, à trois trèfles d'or.

Beufvier, chev., sgrs de Rivarennes, des Palignies, Ry, etc. — Comp. à l'ass. de la nobl. du Saumurois, 1789.

D'azur, à trois rencontres de bœuf, d'argent, couronnés d'or.

Bidoux (de) , éc., sgrs du Coudray-Macouard, XVIIe siècle.

De gueules, à trois chevrons d'or.

Bienassis (Jean) , prieur de Passavant, 1486.

D'argent, à dix hermines de sable ; au chef de gueules chargé de trois fleurs de lis d'or.

Bienvenu (N.) , conseiller du roi, élu en l'élection de Montreuil-Bellay, 1700.

D'azur, à une main d'argent tenant une bouteille d'or.

Bignon (Michel) , éc., commissaire provincial de l'artillerie de France, 1700.

D'azur, à une croix haussée, d'argent, accolée d'un cep de vigne de sinople, fruitté au naturel, sur une terrasse aussi de sinople et cantonnée de 4 flammes au naturel.

Bilanges, de Saumur (Le Chapitre de St-Nicolas des) .

D'azur, au Saint-Nicolas, de carnation, vêtu d'une aube d'argent, chappé, mitré et crossé d'or, sur un terrain de sinople.

Billon (Charles-Marie-Isaac de) , curé de Gennes, 1786.

D'azur, à trois billots noueux, d'or, les deux du chef en chevron et le troisième en bande.

Rinel (Jean) , sgr de Lecé, né à Saumur, maire d'Angers, 1487.

D'argent, à l'aigle éployée, de gueules, membrée et becquée d'azur, accompagnée de 3 fleurs de lis d'azur, posées une en chef et les deux autres à chaque flanc de l'écu.

Bitault, éc., sgrs de Vaillé, p. de Nueil, Chizé, la Raimberdière, etc. — Comp. à l'ass. de la nobl. du Saumurois, 1789.

D'azur, au chevron d'argent accompagné de trois têtes d'aigle arrachées de sable, 2, 1.

Blaison (Le Chapitre de) .

D'azur, au Saint-Aubin de carnation, habillé d'argent, chappé et mitré d'or, diadémé de même, tenant de sa main sénestre, sa croix, aussi d'or.

Blanchard (Philippe) , curé d'Antoigné, 1696.

De gueules, au cygne d'argent, accolé d'azur, becqué et membré de sable.

Blanchet (René) , curé de Cléré, 1707.

De gueules, à trois cornets d'or, 2, 1.

Blanvillain (Jean-Artus) , curé de St-Hilaire du château de Vihiers, 1700

D'argent, à une hure de sanglier, de sable, accompagnée de 3 croissants de même.

Blayneau, à Saumur.

D'azur, à l'ancre d'argent surmontée d'un croissant et accostée de 2 étoiles, le tout de même.

Blondé (Anne) , veuve de N. de la Frogerie, vers 1696.

De gueules à trois aigles d'or.

Blondeau (Jean) , avocat à Saumur, 1700.

D'argent, au lion de gueules, au chef d'azur chargé de 3 roses d'or.

Blondeau (Jean) , notaire à Saumur, 1700.

De gueules, à trois fasces d'or.

Blondeau (Thomas) , marchand à Soulangé, 1700.

De gueules à trois léopards d'or, l'un sur l'autre.

Blondeau (Guy) , conseiller du roi, élu en l'élection de Saumur.

D'or, à deux fasces de gueules.

Bodet, éc., sgrs de la Fenestre et de la Saulaie.

D'azur, à l'épée et garde d'argent, la poignée de gueules, à la fasce en devise de même.

Bœuf (du) , sgr d'Albin. — Comp. à l'ass. de la nobl. de Saumur, 1789.

De gueules, au bœuf d'or.

Bois (du) , éc., sgr de May, élection de Montreuil-Bellay.

D'azur, à trois aigles d'argent.

Bois (du) , éc., sgrs de la Prairie, élection de Mon-Bellay.

De gueules, à trois croix pattées, d'argent.

Boisard (Renée) , femme de Pierre de St-Germain, éc., sgr des Coutures.

De gueules, à trois faisceaux de flèches d'or. en pal, 2, 1,

Boisgontier (Jacques) , curé de Faveraie, 1700.

De sable, à une croix d'or, cantonnée de quatre besans de même.

Boishuguet (de) , éc., sgrs de la Loupière, 1696.

D'argent, à 3 merlettes de sable, 2, 1.

Boislève, éc., sgrs du Plantis, la Motaye, des Aulnais, etc. — Comp. à l'ass. de la nobl. du Saumurois, 1789.

D'azur, à trois sautoirs d'or.

Boissy (de), éc., sgr de Beauregard, élection de Montreuil-Bellay.

D'or, à la fasce de trois pièces de sable.

Boiteau (René) , conseiller du roi en la prévôté de Saumur, 1700.

De gueules, au chevron d'or, accompagné en pointe d'un lion de même.

Bonchamps (de) , éc., sgrs de Maurepart, p. de Brigné, 1789.

De gueules, à deux triangles entrelacés, d'or.

Bonfils (Joseph) , apothicaire au May, 1700.

D'argent, à trois chevrons de sable.

Boscher, éc., sgrs de la la Garde, élection de Saumur.

De gueules, au lambel de cinq pendants d'argent.

Bouchet de Sourches (du) , chev., comtes de Montsoreau, sgrs du Bellay, p. d'Allonnes. — Comp. à l'ass. de la nobl. du Saumurois, 1789.

D'argent, à deux fasces de sable.

Bouin de Noiré, éc., sgrs de Chezelles. — Comp. à l'ass.

de la nobl. du Saumurois et à celle du Poitou, 1789.

D'azur, à une foi d'argent, accompagnée d e 3 soleils d'or.

Bouju (Renée) , prieure des Lochereaux, 1563.

D'or, à 3 aiglettes de sable, 2, 1.

Boul (du) , éc., sgr de Lavergne, Saintré, la Sionniere, etc.

D'or, à une bande de gueules.

Boulay du Martray, éc., sgrs de Launay et du Patis. — Comp. à l'ass. de la nobl. du Saumurois, 1789.

D'azur, à la fasce d'or, accompagnée en chef de 3 roses de même; rangées, et en pointe, d'un croissant montant d'argent.

Bourbon-Condé (de) , prince de Clermont, sgr de St-Cyr-en-Bourg, XVIIe siècle.

De Bourbon, le bâton chargé d'une fleur de lis d'argent.

Bourdaizeau (François) , curé de Somloire, 1705.

D'azur, au chevron d'argeut, accompagné de trois croissants de même.

Boureau (Joseph) , conseiller du roi en la prévôté de Saumur, 1700.

D'argent, au chevron de gueules, accompagné de trois coquilles de sable, 2, 1.

Boureau de Chavigny, sgrs de Chavigny et du Petit-Champ.

D'argent, au chevron de gueules, accompagné de 3 coquilles de sable, 2, 1.

Boureau (Jean) , à la Chapelle-Blanche, 1700.

De gueules, au cygne d'argent.

Bourgueil (Abbaye de) .

D'azur, à deux clefs adossées, passées en sautoir, d'or, surmontées de fleurs de lis de même.

Bourigault (François) , procureur fiscal à Maulévrier, 1700.

D'or, à un jumelle d'azur en bande.

Bournan (de), chev., sgrs de Targé, la Forêt (p. de Gennes), la Rivière-Marteau, p. de Brézé.

D'or, à la croix pattée et alaisée, de gueules, cantonnée de 4 coquilles d'azur.

Boutillier (Maurice), chirurgien à Rossay, 1700.

De gueules, à une aigle d'argent.

Brancas (de), duc de Cereste, sgrs de Gizeux. — Comp. à l'ass. de la nobl. du Saumurois, 1789.

D'azur, au pal d'argent, chargé de 3 tours de gueules et accosté de 4 pattes de lion d'or, mouvant des deux côtés de l'écu.

Brancher (Jeanne), femme de Louis de Cheverue, éc., 1696.

D'argent, à deux rameaux de laurier de sinople, les tiges passées en sautoir, surmontés d'un lambel de cinq pendants d'argent.

Brard (Michel), marchand à Saumur, 1700.

D'azur, à une fasce d'or, chargée de trois tourteaux de gueules.

Breauld (Marie), femme de Michel Germain, secrétaire du roi, 1696.

D'azur, à deux étoiles d'argent en chef et un croissant de même en pointe.

Breuil-Bellay (le prieuré de).

D'argent, à une Notre-Dame de carnation, vêtue de pourpre et d'azur, diaprée d'or, tenant l'Enfant-Jésus aussi de carnation, l'un et l'autre diadêmés d'or, sur un terrain de sinople.

Brehant (de), chev., sgr de la Roche de Brehant.

De gueules, au léopard d'argent, armé, lampassé et couronné d'or.

Brenne (Jeanne de), abbesse de Fontevrault, morte en 1726.

De... à un lion rampant de...

Breslay (de), éc., sgrs du Menil-Amenard, XVIIᵉ et XVIIIᵉ siècles.

D'argent, au lion de gueules, adextré en chef d'un croissant de même.

Breslay (de), éc., sgrs du Bouchet.

D'azur, au lion d'argent regardant un croissant de même posé au canton dextre du chef.

Bretagne (Charles de), comte de Vertus, sgr de Carnusson, XVIᵉ siècle.

D'hermines, au lambel d'azur semé de fleurs de lis d'or.

Brette, éc., sgrs d'Étiau, Longué, Ouches, etc.

D'azur, au sautoir d'argent, accompagné de 4 roses de même.

Briçonnet, éc., sgrs de St-Pierre-en-Vaux, XVIᵉ siècle.

D'azur, à la bande componnée d'or et de gueules.

Bridieu (de), éc., sgrs des Grandes-Roches. — Comp. à l'ass. de la nobl. du Saumurois, 1789.

D'azur, à une macle d'argent, cramponnée doublement par le haut, et accompagnée de 3 étoiles d'or, 2, 1.

Brie-Serrant (de), chev., sgrs du Bellay, p. d'Allonnes, et de Fourneux, p. de Dampierre. — Comp. à l'ass. de la nobl. du Saumurois, 1789.

Fascé d'argent et d'azur de 8 pièces ; au lion de gueules brochant sur le tout.

Brilhac (Madeleine de), dame de Savonnières, p. des Verchers, 1679.

D'azur, au chevron d'argent chargé de cinq roses de gueules boutonnées d'or, et trois molettes d'éperon d'or, 2 en chef et 1 en pointe.

Brizay (Louis de), prieur de St-Lambert-des-Levées, 1533.

Fascé d'argent et de gueules de 8 pièces.

Broglie (N. de), gouverneur de Saumur, 1773.
D'or, au sautoir ancré, d'azur.

Broon (de), chev., marquis de Cholet, 1700.
D'azur, à la croix d'argent frettée de gueules.

Brossier (Jean), marchand à Bourgueil, 1696.
D'azur, au chevron d'or, accompagné de 3 roses d'argent.

Bruc (de), barons de Blaison, comtes de Bruc et de Broon.
D'argent, à une rose de gueules, de six feuilles, boutonnées d'or.

Bruneau (Jean), marchand à Saumur, 1700.
De gueules, à une étoile de 8 rais, d'argent ; au chef d'or chargé d'une aigle de sable.

Bruneault (Mathurin), capitaine de bourgeoisie à Saumur, 1700.
D'azur, au sautoir d'or.

Brunet, éc., sgrs de Brossay. — Comp. à l'ass. de la noblesse du Saumurois.
De gueules, au lévrier rampant, d'argent, au collier bouclé d'or, l'écu denticulé de 8 pièces de même, ou d'argent.

Bruneteau (N.), procureur fiscal à Cholet, 1700.
D'or, à un ours de sable, couronné d'azur.

Budan de Russé, éc., sgrs des Chemineaux, p. d'Ambillou, et de Sarré, p. de Gennes.
De gueules, à deux triangles entrelacés l'un dans l'autre, en forme d'étoile, d'argent, accompagnés en pointe d'un croissant de même ; au chef d'argent chargé de 3 glands feuillés et tigés de sinople, les tiges passées en sautoir.

Bude du Tertre-Jouan (François), commandeur de la Lande des Verchers, 1671.
D'argent, au pin de sinople, chargé de 3 pommes d'or, **dont**

l'une soutient un épervier de même, accosté vers son tronc de 2 fleurs de lis de gueules.

Bueil (Guillaume de), gouverneur de Saumur, 1382.

D'azur, au croissant montant, d'argent, accompagné de six croix recroisetées, au pied fiché, d'or.

Bunault de Montbrun, chev., sgrs de Rigny. — Comp. à l'ass. de la noblesse du Saumurois, 1789.

D'azur, au chevron d'or, accompagné en chef de 2 aiglettes éployées, d'or, et en pointe d'un lion grimpant, aussi d'or.

Burault (Jean) , assesseur de l'hôtel de ville et avocat à Saumur, vers 1700.

D'or, à un ours de sable.

Bussy (de) , éc., sgrs de la Varenne, p. des Verchers, et d'Épieds, XVIe et XVIIe siècles.

D'azur, à trois chevrons d'or, le premier brisé.

Cabourt (Pierre) , capitaine de bourgeoisie et marchand à Saumur, vers 1700.

D'or, semé de croisettes de sable, au lion d'argent brochant sur le tout.

Caillard (N.) , marchand à Saumur, vers 1700.

D'or, à une fasce échiquetée d'argent et d'azur de trois traits.

Calou (Michel) , curé de Méron, 1728.

De sable, au calice d'or.

Campet de Saujon (Scipion de) , gouverneur de Saumur, 1650.

D'azur, à la fasce d'argent, accompagnée en chef d'un croissant, et en pointe d'une coquille, le tout de même.

Camus (N.) , marchand à Saumur, vers 1700.

D'or, à trois fasces de gueules.

Camus de Villefort, sgrs de Fontaines et du Chêne.

D'azur, à trois croissants d'argent, 2, 1, et une étoile d'or en abîme.

Canaye, éc., sgrs de Grandfont, p. de Brézé, XVIIe siècle.

D'azur, au chevron d'argent accompagné de 2 étoiles d'or en chef et d'une rose de même en pointe, le tout de même.

Cautineau (de) , éc., sgrs de Russé, p. d'Allonnes, et de la Pichardière.

D'argent, à trois molettes d'éperon de sable, 2, 1.

Capel, éc., sgrs du Tilloy.

L'azur, à trois fleurs d'iris, d'or.

Carbonnier (de) , éc., sgrs de la Lucasière, p. de Lourelle, 1780.

De gueules, à deux fasces accompagnées en chef de 2 croissants, et en pointe de 2 étoiles, le tout, d'argent ; au pal de même brochant sur les fasces.

Carion, éc., sgrs de la Sécherie, et de la Grise, p. de Nueil, XVe siècle.

D'azur, à trois bandes d'or ; au chef d'argent chargé de trois mouchetures de sable.

Carion, éc., sgr de l'Esperonnière, vers 1700.

D'or, à 3 bandes de gueules ; au chef d'hermines.

Carlet de la Rozière, à Montreuil-Bellay, XIXe siècle.

D'argent, à un arbre de sinople, sur une terrasse de même ; à deux épées de gueules passées en sautoir derrière le fût de l'arbre, les pointes en haut, accompagnées de 2 étoiles d'azur en chef et de 2 fleurs de lis de même, une à chaque côté de l'arbre.

Carné (de) , éc., sgrs de Blaison, XVIe siècle.

D'or, à deux fasces de gueules.

Cassin, sgrs de la Sansonnière, XVIIIe siècle.

D'azur, à 3 bandes d'or.

Castelnau de Clermont (Jacques de) , abbé de St-Florent-de-Saumur, mort le 6 sept. 1586.

D'azur, au château ouvert, d'argent, maçonné de sable, crénelé et sommé de 3 donjons pavillonnés, avec leurs girouettes.

Caumont (de), éc., sgrs de Cerné, p. de Cernusson, **XVII**e siècle.

D'azur, à 3 anneaux d'or, 2, 1.

Caux (de), éc., sgrs de Chacé. — Comp. à l'ass. de la nobl. du Saumurois, 1789.

D'azur, à 3 lions d'or, 2, 1.

Caylus (de), éc., sgrs de la Poupardière, **XVII**e siècle.

Ecartelé, aux 1 et 4 d'azur, à 3 oiseaux d'argent ; aux 2 et 3 de gueules au dauphin d'or.

Cerisay (de), éc., sgrs de la Barbillonnière, p. d'Allonnes, **XVII**e siècle.

D'azur, à trois croissants d'or, 2, 1.

Cesbron (André), curé de la Plaine, **1688**.

D'or, à une croix pattée, de sable, cantonnée de 4 trèfles de sinople.

Chabot, chev., sgrs de Montsoreau.

D'or, à trois chabots de gueules posés en pal.

Chacé (le prieuré de).

D'argent, à une croisette de sable posée en chef, entourée d'un nuage d'azur, et trois lions couchés, de gueules, deux en fasce et un en pointe, les deux en fasce adossés, les têtes contournées, regardant la croisette.

Chaffault (René du), commandeur de la Lande des Verchers, **1753**.

De sinople, au lion d'or, armé, lampassé et couronné de gueules.

Chalon (Jean), doyen du Chapitre de Montreuil-Bellay, **1700**.

De gueules, à une échelle d'argent et un chef d'or chargé de 3 étoiles d'azur.

Chalopin, éc., sgrs de Neuillé, XVIIᵉ siècle.
D'argent, à trois roses de gueules.

Chambes (de) , comtes de Montsoreau.
D'azur, semé de fleurs de lis d'argent, au lion de gueules brochant sur le tout.

Champagné (de) , éc., sgrs de Courléon et de Chavannes, XVIIᵉ siècle.
D'hermines, au chef de gueules.

Champchévrier (de) , chev., sgrs de Milly, XIIIᵉ s.
D'or, à l'aigle à deux têtes, éployée, de gueules.

Chandion (de) , éc., sgrs de Saumoussay, XVIᵉ siècle.
D'hermines, à une fasce de gueules.

Chantemesle (de) , éc.
De gueules, au lion d'argent à dextre de 2 palmes entrelacées en triple sautoir, et accompagné en pointe d'une molette aussi d'argent.

Chapelle (Michel) , curé de St-Lambert-des-Levées, mort le 6 octobre 1710.
D'argent, à deux chevrons de gueules.

Chaperon (N.) , à Saumur, 1700.
D'or, à deux lions affrontés, d'azur.

Charnières (de) , éc., sgrs de Preuil. — Compar. à l'assemblée de la nobl. du Saumurois, 1789.
D'argent, à trois merlettes de sable, 2, 1.

Chasteigner (de) , chev., sgrs du Pont. — Comp. à l'ass. de la nobl. du Saumurois, 1789.
D'or, au lion de sinople, passant, armé et lampassé de gueules.

Chastel (du) , éc., sgrs de Billé.
D'argent, au chevron dentelé de gueules, accompagné de 3 étoiles d'or, 2 en chef et une en pointe.

Chat (le) , éc., sgrs des Touches et de la Haye.

D'azur, à trois têtes de léopard d'or.

Château (Louis) , notaire à Montilliers, 1700.
D'azur, au léopard d'argent.

Châteaubriand (de) , chev., sgrs de Montgeoffroy, au XIIIᵉ siècle.
De gueules semé de fleurs de lis d'or.

Chazé (Robert de) , commandeur de la Lande des Verchers, 1580.
D'azur, à six aiglettes d'argent.

Chemillé (Pétronille de) , abbesse de Fontevraud, décédée en 1149.
D'or, au franc-canton de gueules, à l'orle de 9 merlettes de même.

Chenet (Charles) , curé de Chazé, 1700.
D'or, au mûrier fruitté au naturel, sur une terrasse de sinople et un lion d'argent passant devant le tronc de l'arbre.

Chenu du Bas-Plessis, éc., sgrs de la Tranchée, p. de Montilliers, XVIᵉ siècle.
D'hermines, au chef losangé d'or et de gueules.

Cherbonneau (Louis) , notaire à Passavant, 1700.
D'or, à une croix pattée, d'argent.

Chereau, éc., sgrs de la Touche, p. des Verchers, au XVIIIᵉ siècle.
D'argent, à une palme de sinople, en pal, accostée de 2 fauvettes de même, au naturel.

Chérité (de) éc., sgrs de Preuil, p. de Nueil, vers 1650.
D'azur, au sautoir d'or cantonné de 4 croix pattées de même.

Chesneau (du) , éc., sgrs de Terrefort. — Comp. à l'ass. de la nobl. du Saumurois, 1789.
D'azur, semé de besans d'argent, au chevron d'or brochant sur le tout.

Chevalier (Symphorien) , curé de Grézillé, 1705.
D'or, à un oiseau appelé chevalier, de gueules.

Chevalier (Pierre) , curé de Trémentines, 1705,
D'azur, à une croix d'or.

Chevalier (Le) , éc., sgrs de la Giraudière.
De gueules, au chevalier armé de toutes pièces, à cheval, d'argent, combattant un hercule couvert de sa masse, d'or.

Cheverue (de) , éc., sgrs de Chemant.
De gueules, à 3 têtes de chèvre, arrachées, d'argent, 2, 1.

Chevrier (Pierre) , marchand à Saumur, 1700.
De gueules, à une tour d'argent.

Cholet (la ville de) .
D'azur, à une croix d'argent, frettée de gueules.

Cholloux (Pierre), lieutenant-criminel de l'élection de Montreuil-Bellay, 1696.
D'argent, au loup de gueules, jetant des flammes de même par la gueule.

Chouppes (de) , chev. — Comp. à l'ass. de la nobl. du Saumurois, 1789.
D'azur, à trois croisettes d'argent, 2, 1.

Chourses (de) , chev., sgrs de Chourses, p. d'Ambillou, XIVe siècle.
Fascé d'argent et de gueules de 8 pièces, et une orle de dix merlettes de gueules.

Clérambault (Louis de) , prieur de St-Georges-des-Sept-Voies, 1575.
D'argent, à cinq triangles de sable.

Cochet, éc., sgrs de Boisé.
De gueules, à 3 fasces d'argent, celle du milieu accompagnée de 3 mouchetures d'hermines de même posées 2 sur la première fasce et une sur la troisième.

Coetquis (Pierre de) , prieur de Cunaud, 1411.

D'argent, au sautoir de gueules accompagné en chef d'un annelet de gueules, et aux flancs et en pointe de 3 roses aussi de gueules.

Colasseau (de) , éc., sgrs de Martigné, p. de Martigné-Briand.

D'argent, à une rose de gueules, boutonnée d'or et accompagnée de 3 molettes d'éperon de sable, 2, 1.

Colbert (de) , marquis de Cholet, comtes de Maulévrier. — Comp. à l'ass. de la nobl. du Saumurois, 1789.

D'or, à une couleuvre d'azur, tortillée et posée en pal.

Collas (Yves-François) , éc., 1696.

D'argent, à une aigle éployée, à deux têtes, de sable, couronnée, becquée et onglée de gueules.

Comminges (Jean-Baptiste de) , gouverneur de Saumur 1657.

De gueules, à 4 otelles, ou croix pattées d'argent, mises en sautoir.

Compagnon (Mathurin) , curé de Neuillé, mort le 14 mars 1726.

D'azur, à une croix haussée, d'argent, mouvant d'un buisson d'argent, au naturel.

Contades (de), chev., sgrs de Montgeoffroy.

D'or, à une aigle d'azur, au vol abaissé, membrée, becquée et languée de gueules.

Corbineau (Pierre) , notaire à Maulévrier, 1705.

D'argent, à 3 lions de gueules.

Cornillaud, éc., sgrs de la Coudraye.

D'or, au chevron de sable, accompagné de 3 corneilles de même, becquées et membrées de gueules.

Cossé-Brissac (de) , comtes de Vihiers, 1789.

De sable, à 3 fasces d'or, dentelées par le bas.

Cosson (Pierre) , bourgeois de Bourgueil, 1700.

D'azur, au chevron d'or, accompagné de 3 croissants de gueules.

Coste (Christian de la) , gouverneur de Montreuil-Bellay, 1700.

D'argent, à 4 fleurs de lis de gueules, 2, 2.

Coudray-Montbault (du) , éc.

D'or, au croissant de gueules, accompagné de 6 étoiles de même rangées, 3 en chef et 3 en pointe.

Couesmes (de) , éc., sgrs de Marson.

De gueules, frutté d'hermines de six pièces.

Couillaud (Charles) , notaire à Torfou. 1700.

D'azur, à 3 pals d'argent.

Cour (Marie de la) , dame de la Martinière, 1696.

De sinople, à une bande d'or.

Couraudin, éc., sgrs de l'Étang, p. de Martigné-Briand, XVIe siècle.

D'azur, au chêne d'or, sur un tertre de sinople, accosté de 2 fleurs de lis d'or.

Courault de Pressiat (René) , abbé d'Asnières-Bellay, mort le premier juillet 1701.

D'argent, au sautoir composé de 2 bâtons écotés, de gueules ; au chef d'azur chargé au milieu d'une croix pattée, d'or.

Courcillon (de) , éc., sgrs de Lugré, p. de Varennes, XVIIe siècle.

D'argent à la bande fuselée de gueules ; au lion d'azur en chef à senestre.

Courolles (François de) , curé de St-Hilaire-du-Bois, 1700.

D'azur, au chevron d'or accompagné en chef de 3 étoiles rangées, de même, et en pointe, d'une oie, d'argent.

Courseul (de) , sgrs de St-Cyr-en-Bourg.

Écartelé d'argent et d'azur.

Courtarvel (de) , éc., sgrs du Pont-de-Varennes, p. de Louresse.

D'azur, au sautoir d'or cantonné de 16 losanges de même, posées droites, une en croix et douze en orle.

Courtis (François) , marchand à Chouzé, 1700.

D'argent, à une croix fleuronnée, de gueules.

Coustard (Anne) , veuve de N. Marquis, à Cholet, 1700.

D'azur, à 3 pommes de pin d'or.

Coustis de la Rivière, sgrs de la Rivière, St-Médard, la Haye, etc.

D'azur, à trois roses d'argent, 2 en chef et 1 en pointe, et un besant de même en abîme.

Coutances (de) , éc., sgrs de Lugré, p. de Varennes.

D'azur à deux fasces d'argent bordées de sable et accompagnées de trois besans d'or.

Craon (de) , sgrs de Montsoreau, XVe siècle.

Losangé d'or et de gueules.

Crémile (Marie de) prieure des Lochereaux, 1413.

De sable à la croix ancrés, d'argent.

Cressac (François de), prieur du Puy-N.-Dame, 1775.

D'or, au monde de gueules, cintré et croisé d'or. la croix pattée, de gueules, soutenue d'une fleur de lis de même.

Crestien (Barthelemy) , maire de Doué, 1700.

D'or, à 2 fasces d'azur, accompagnées de 9 merlettes de sable, 4, 2, 3.

Crevant (de), chev.. sgrs de la Pinardière, p. de Martigné-Briand, XVIe siècle.

Ecartelé d'argent et d'azur.

Crieul (de) sgrs de la Sicardière, 1700.

Gironné d'or et de gueules de 12 pièces.

Crosnier (François), curé d'Ambillou, mort le 12 septembre 1709.

Fascé d'or et de sable de six pièces.

Croy-d'Havré (Christiane-Joséphine de), dame de Cholet, 1789.

Écartelé aux 1 et 4 d'argent, à 3 fasces de gueules ; aux 2 et 3 d'argent, à 3 doloires de gueules, les 2 du chef adossées.

Crozé (de), éc., sgrs de la Treille. — Comp. à l'ass. de la nobl. du Saumurois, 1789.

D'azur, à deux chevrons d'argent et 2 étoiles de même en chef et un croissant de même en pointe.

Crux (de), chev., sgrs de Vihiers.

D'azur, à deux cotices d'argent, accompagnées de 7 coquilles de même.

Cuissard (de) , chev., sgrs des Fontaines et de Savonnières, p. des Verchers, — de Mareil, etc. — Comp. à l'ass. de la nobl. du Saumurois, 1789.

D'or, au chef de sable, chargé de 3 coquilles d'argent.

Cunaud (le prieuré de N.-D. de) .

Parti, au 1 d'azur semé de fleurs de lis d'or ; au 2 de gueules à une crosse d'or, posée en pal, à dextre, et une épée de même à senestre.

Cyret de Bron (de) , éc., sgrs de Champ-Robin, p. de Vivy.

Écartelé, aux 1 et 4 d'argent à un chevron de gueules accompagné de trois aigles à deux têtes de même, 2, 1 ; aux 2 et 3 d'azur à trois glands d'or, 2, 1, et sur le tout, d'argent, à un chêne de sinople terrassé de même, accolé d'un serpent de gueules adextré d'un lion contourné de même et sénestré d'une colombe essorante, au naturel, becquée et membrée de gueules, tenant en son bec un rameau d'olivier de sinople, cette colombe posée sur un monticule aussi de sinople.

Daillon (de) , chev., sgrs de St-Pierre-en-Vaux.

D'azur, à la croix engrêlée, d'argent.

Dampierre (le prieuré-cure de) .

D'azur, à deux lions affrontés, d'or, soutenant une épée, d'argent.

Dandenat (Claude) , greffier de l'hôtel de ville de Saumur, 1700.

D'azur, à trois glands d'or, 2, 1.

Dartois (Tristan-Jacques) , curé du Puy-Notre-Dame, 1699.

D'azur, à une croix d'argent chargée en cœur d'un lion au naturel.

Dauvet, éc., sgrs de la Grise et des Peaux, p. de Blou. — Comp. à l'ass. de la nobl. du Saumurois, 1789.

Bandé de gueules et d'argent, la première bande d'argent chargée d'un lion de sable.

Daviau (Jean) , curé de Coron, 1703.

D'or, à la croix de sable, cantonnée de 4 étoiles de gueules.

Davy, éc., sgrs de la Bournée, p. de Louresse.

D'azur, à 3 cygnes au naturel ; au chef cousu, de gueules, chargé d'une croix pattée, d'argent.

Delalande (François) , procureur à Montsoreau, 1700.

D'or, à une croix ancrée de gueules, cantonnée de 4 roses de même.

Delarue (Jacques) , avocat à Saumur, 1700.

D'argent, à 3 roses de gueules, pointées de sinople, boutonnées d'or.

Delumeau (N.) , veuve de René du Tertre, conseiller du roi en la sénéchaussée de Saumur.

D'azur, à une croix d'argent frettée de gueules.

Denezé (le prieuré de) .

D'or, à deux jumelles d'azur ; au chef de gueules chargé de 3 croix pattées, d'argent.

Deniau (Philippe) , à Saumur, 1700.

De gueules, à 6 billettes d'or, rangées, 3, 2, 1.

Deniau (N.), marchand à Maulévrier, 1700.
De gueules, à deux léopards d'or l'un sur 1 autre.

Denis (N.), marchand à Saumur, 1700.
Pallé d'argent et de gueules de 6 pièces.

Denis de Mondomaine (François-Nicolas), major au château de Saumur, 1789.
D'azur, à trois besans posés en pal l'un sur l'autre, à dextre, d'argent, et trois losanges de même à sénestre, en pal ; parti d'argent, au chevron de sable accompagné en pointe d'un lion contourné de gueules, et un chef brochant sur le parti, de sinople, chargé de 3 étoiles d'or.

Desbordes (N.), capitaine de bourgeoisie à Saumur, 1700.
D'or, à 3 pals d'azur et un chevron d'argent brochant sur le tout.

Descartes (Joachim), conseiller au parlement de Bretagne, sgr de Chavannes, p. du Puy-Notre-Dame, 1635.
D'argent, au sautoir de sable, cantonné de 4 palmes de sinople.

Deshayes (Michel), marchand à Doué, 1700.
De gueules, à une fasce bretessée et contrebretessée d'argent.

Desmé (Pierre), marchand à Saumur, 1700.
De gueules, à une tour d'or.

Desmé, éc.. sgrs de Puy-Girault, p. de St-Hilaire-St-Florent, de Chavigny, Maulévrier, Cessigny, etc. — Comparution à l'ass. de la nobl. du Saumurois. 1789.
D'argent, au chevron de sable, accompagné de 3 merlettes de même.

Desraoult (Guillaume), curé de St-Pierre de Cholet, mort en 1712.
D'or, à une fasce de sable, chargée de 3 étoiles d'argent.

Dieu (Charles) , greffier des rôles au Coudray-Macouard, 1700.

D'azur, à deux barbeaux adossés, d'argent.

Dieusie (de) , éc., sgrs de la Massonnière, p. de Denezé.

D'azur, à la bande brétessée et contrebretessée de sable accompagnée de trois couronnes d'épines de sable, 2 en chef et la troisième au coin dextre de la pointe.

Dolbeau (N.) , marchand à Saumur, 1700.

De gueules, à 3 liens d'or.

Doué (de) , chev., sgrs de Martigné-Briand.

D'argent, au sautoir de gueules.

Doué (la ville de) .

De gueules, au D d'argent, à la fleur de lis de même en abîme.

Doulle, à Saumur, 1696.

De sinople, à la barre d'argent chargée de 3 macles de sable et accompagnée de trois croissants d'argent.

Dousseau (Gabriel) , marchand à la Chapelle, 1700.

Echiqueté d'or et d'azur de six pièces.

Dreux (de) , marquis de Brézé. — Comp. à l'ass. de la nobl. du Saumurois, 1789.

D'azur, au chevron d'or, accompagné en chef de 2 roses d'argent, et en pointe d'un soleil ou d'une ombre de soleil.

Drouet, éc., sgrs de Marconnay, p. de Parnay.

De gueules, au lion d'argent.

Drouineau (Gabrielle) , veuve de Charles-Prudent de Charnières, éc., sgr de Preuil, morte le 19 oct. 1720.

De gueules, au sautoir d'or, accompagné de 4 étoiles d'argent.

Duchatel (Pierre) , marchand à Chouzé, 1700.

D'argent, au loup passant de sable.

Duchâtel (François) , à Chouzé, 1700.
Bandé de gueules et d'argent de six pièces.

Duchâtel (Tanneguy) , chev., sgr de Cholet, 1471.
Fascé d'or et de gueules de 6 pièces, bordé de...

Duchesne (Joseph) , éc., sgr de la Berthelottière, 1696.
D'azur, au chevron d'or accompagné de trois glands de même, 2, 1.

Duchilleau, chev., sgrs des Grands-Ormeaux, la Tour-St-Gelin, etc. — Comp. à l'ass. de la nobl. du Saumurois. 1789.
De sable, à trois moutons paissants d'argent.

Dufferie (de la) , éc., sgrs de Marson, XVIIe siècle.
De sable, au chevron d'or accompagné en pointe d'un trèfle de même.

Dugrès (Marie) , femme de Louis Varice d'Aubigné, gendarme du roi, 1696.
De gueules, au chevron d'argent, accompagné de trois grès, ou dents de sanglier, posés en pal, 2, 1.

Duncan, éc, sgrs de Ste-Hélène, résidant dans l'élection de Saumur au XVIIe siècle.
De sinople, au pélican dans son aire, d'argent ; au chef d or chargé de 3 étoiles de gueules.

Dupouet (Charles) , notaire à Rossay, 1700.
D'argent, à trois chevrons de sable.

Dupuy, éc., résidant à Saumur en 1789.
De sinople, à une bande d'or bordée de sable accompagnée de 6 merlettes aussi d'or, 3, 3.

Dupuy, éc., sgrs de la Coudraye, p. de Cléré. — Comp. à l'ass. de la nobl. du Saumurois, 1789.
Echiqueté d'or et de gueules.

Dureil, éc., sgrs de l'Étang-de-Gennes, XVIe siècle.

Losangé d'or et d'azur.

Durson (Balthazar) , sgr d'Aubigné, conseiller du roi en la sénéchaussée de Saumur, 1696.

De gueules, à trois cygnes d'argent, becqués et membrés de sable.

Duvau de Chavagne, éc., sgrs de la Gennevraie, p. de Gennes. — Comp. à l'ass. de la noblesse du Saumurois, 1789.

D'azur, à deux aigles éployées d'or en chef et un dragon volant en pointe, de même.

Epinay (de l') , éc., sgrs de Courléon.

D'argent, au lion coupé de sinople et de gueules, armé et lampassé d'or.

Escotais (des) , comtes des Escotais, sgrs du Coudray-Macouard. — Comp. à l'ass. de la nobl. du Saumurois, 1789.

D'argent, à trois quintefeuilles de gueules.

Escoubleau de Sourdis (d') , chev., sgrs de Cernusson, XVII⁰ siècle.

Parti d'azur et de gueules, à la bande d'or brochant sur le tout.

Escrivain (l') , éc., sgrs de Boisé, résidant dans la paroisse de Louerre au XVII⁰ siècle.

D'azur, au chevron d'or, accompagné de trois roses de même.

Esperon, éc., sgrs de Mazé.

D'argent, au chevron de gueules, accompagné de trois molettes d'éperon de même.

Esperonnière (de l') , éc., sgrs de la Sansonnière.

D'hermines, fretté de gueules, au chef aussi de gueules losangé d'or.

Esperonnière (François de) , éc., sgr de Salbœuf, 1567.

D'hermines, fretté de gueules.

Espinay (Anne-Hélie de l') , veuve de Claude de Vert, éc , sgr de Chapeau, 1700.

D'argent, au lion de gueules, couronné de même.

Estang (Jacob de l') , éc., sgr de Ry, lieutenant du roi à Saumur, 1684.

D'argent, à 7 fusées de gueules, 4, 3.

Estouteville (Guillaume, d') , chev., sgr de Cernusson, 1452.

Fascé d'argent et de gueules dé 10 pièces.

Estrées (d') , chev.. sgrs de Trèves, XVIIIᵉ siècle.

Fretté d'argent et de sable ; au chef d'or chargé de trois merlettes de sable.

Etoile (de l') , éc.; sgrs de Beauregard. — Comp. à l'ass. de la nobl. du Saumurois, 1789.

D'azur, au lion léopardé d'argent, surmonté de trois étoiles de même rangées en chef.

Éveillard (Jacques) , curé du May, mort le premier décembre 1699.

D'argent, à trois trèfles de sinople, 2, 1, et une étoile d'azur en abîme.

Eveillechien, éc., sgrs de Saumoussay, 1448

D'azur, au chevron d'argent accompagné de trois croix de même, 2, 1.

Falloux (de) , éc., sgrs du Lys, p. du Puy-Notre-Dame. — Comp. à l'ass. de la nobl. du Saumurois, 1789.

D'argent, au chevron de gueules surmonté de trois étoiles de sable.

Falloux (René) , président de l'élection de Saumur, 1696.

D'or, au chevron de sable accompagné de trois trèfles de même.

Falloux (Marguerite), veuve de François Delateau, lieutenant-criminel de l'élection de Montreuil-Bellay, en 1696.

D'azur, au chevron d'argent accompagné en chef de 2 étoiles, et en pointe d'un croissant, le tout d'argent.

Falloux (Jean) , curé du Puy-Notre-Dame, 1735.

D'or, au chevron de sable accompagné de trois trèfles de même.

Favereau, éc., sgrs de Doucé. — Comp. à l'ass. de la nobl. du Saumurois, 1789.

D'azur, au chevron d'or, accompagné de trois étoiles d'argent.

Fay (de) , éc., sgrs de Beau, p. de Turquand, XVe siècle. — Comp. à l'ass. de la nobl. du Saumurois, 1789.

De gueules, à trois genettes d'argent.

Ferault (Louis), marchand à Saumur, 1700.

De sinople, à une bande d'or.

Ferrand (Jean) , commissaire aux saisies réelles à Saumur, 1700.

De gueules, au vol d'argent.

Ferrières (de) , éc., sgrs du Fief-Levreau, Boussageau, Poligné, etc. — Comp. à l'ass. de la nobl. du Saumurois, 1789.

D'azur, à trois pommes de pin d'or, la tige en haut, 2, 1 ; à la bordure de gueules.

Fesques (de) , chev., sgrs de Marmande, p. de la Fosse-de-Tigné, la la Roche-Bousseau, etc.

D'or, à une aigle à deux têtes, de gueules.

Fièvre (Pierre) , bourgeois de Cholet, 1696.

D'argent, à une feuille de figuier, de sinople.

Fillon (Urbain) , marchand à Doué, 1696.

Losangé d'argent et d'azur.

Fleury (N.), marchand à Saumur, 1696.

De gueules, à deux chevrons d'argent, accompagnés en chef de 2 croissants de même.

Fleury (de), éc., sgrs de St-Pierre-en-Vaux, XVIe siècle.

Ecartelé, aux 1 et 4 d'or, à une hure de sanglier de sable, défendue d'argent, miraillée de gueules ; au chef endenté de même ; aux 2 et 3 d'azur, à une gerbe d'or liée de gueules.

Fontenay (de), éc.

D'argent, à trois pals de sable ; au chevron de gueules brochant sur le tout.

Fontevraud (abbaye de) .

Fascé, ondé, enté de gueules et d'argent.

Fontevraud (La Communauté des religieux et religieuses de) .

D'argent, au crucifix accosté à dextre d'une Sainte-Vierge, et à senestre d'un Saint Jean, le tout au naturel, sur un terrain de même.

Forbin d'Oppède (André-Bernard-Constantin de), abbé de St-Floreut-de-Saumur, 1730-67.

D'or, au chevron d'azur, accompagné de trois têtes de léopard, arrachées, de sable, lampassées de gueules, 2, 1.

Fortin (N.), président au grenier à sel de St-Remy, 1700.

D'argent, à une croix de sable chargée de cinq étoiles d'or.

Foucaud (de), chev., sgrs de Fresne. — Comp. à l'ass. de la nobl. du Saumurois, 1789.

D'or, à la croix ancrée de sable, soutenue par 2 lions de même, lampassés et armés de gueules.

Foucault (Daniel), curé de Souzay, 1709.

D'azur, à l'aigle d'argent, chapé, parti d'azur et d'argent, l'azur chargé d'un chevron d'or, accompagné en chef de deux étoiles de même et en pointe d'un croissant aussi d'or ; l'argent chargé d'un palmier arraché, de sinople.

Foucher (Michel) , marchand à Soulangé, 1700.

De sable, au chevron d'or accompagné de 3 merlettes du même.

Foucher (Gilles) , curé d'Yzernay, mort le 20 avril 1723.

De gueules, à une croix d'argent.

Fouchier (de) , chev., sgrs de Châteauneuf, Chamereul, le Vivier, etc. — Comp. à l'ass. de la nobl. du Saumurois, 1789.

D'argent, au lion rampant, de sable, armé et lampassé de gueules.

Foullon, éc., barons de Doué. — Comp. à l'ass. de la nobl. du Saumurois, 1789.

De gueules, à deux lions affrontés, d'or, tenant de leurs pattes de devant une croix de calvaire d'argent.

Fouquet de la Varenne, éc.

D'azur, à une levrette passante, d'argent ; accolé de France.

Fourateau, éc., sgr de Saunay et de la Coudre, p. d'Ambillou, XVe et XVIe siècles.

D'or, à l'aigle éployée de gueules, becquée et membrée d'azur.

Fournier (Pierre) , curé de Montilliers, mort le 3 novembre 1710.

D'azur, à 3 pommes de pin d'or, la tige en bas, 2, 1, surmontées d'un croissant aussi d'or.

Fournier (Jeanne) , à Montreuil-Bellay, 1700.

D'or, au croissant de gueules accompagné de six étoiles de même rangées 3 en chef et 3 en pointe.

Fournier (Noël) , curé de Passavant, mort le 19 sept. 1707.

D'azur, à trois lions d'or.

Fournier, éc., sgrs de Bois-Ayrault, p. de Brigné. — Comp. à l'ass. de la nobl. du Saumurois, 1789.

De gueules, à la bande denchée, d'or, accostée de 2 molettes d'éperon (ou 2 étoiles) de même.

Francard (N.) , grenetier au grenier à sel de Cholet, 1700.

De gueules, à un tronc d'arbre, d'or.

Fresneau (Julien) , chanoine du Blaison, 1700.

D'azur, à trois tours d'argent.

Fretard, chev., sgrs de la Varenne, p. des Verchers, 1476.

De gueules, fretté d'argent de 6 pièces.

Frotté (Jean-Baptiste) , éc., commissaire des guerres de la généralité de Tours.

D'azur, à trois quintefeuilles d'or, 2, 1.

Froullay (Charles-Louis de) , abbé de St-Maur, 1721-28.

D'argent, au sautoir de gueules, endenté et bordé de sable.

Gabard (Jean) , curé de Maulévrier, mort le 23 juin 1716.

D'or, à trois aigles de sable.

Gabard (Simon) , marchand à Cholet, 1700.

D'argent, à un gabion de sable.

Gachet (Jean) , prieur de Coron, 1580.

De gueules, à deux clefs d'argent, adossées et passées en sautoir.

Gaïn (de) , éc., sgr de Nancré, la Gauronnerie, etc.— Comp. à l'ass. de la nobl. du Saumurois, 1789.

D'azur, à trois bandes d'or.

Gallichon (de) , éc., sgrs de Courchamps.

D'argent, au lion de gueules.

Garreau (Jean), marchand à St-André-de-la-Marche, 1700.

D'azur, au paon rouant d'or.

Gaschet (Georges), curé de Tancoigné, mort le 15 mai 1714.

De gueules, à deux clefs d'argent, en sautoir.

Gassion (de) , éc., sgrs de Milvaut.

D'azur, au lion d'or, armé et lampassé de gueules, la patte dextre surmontée d'une étoile d'argent.

Gatineau (Jean de) , prieur de St-Lambert-des-Levées, 1514.

D'argent, à trois jumelles de sable.

Gaudronnière (N. de la) , conseiller du roi, grenetier au grenier à sel de Cholet, 1700.

D'argent, au navire de sable.

Gaultier (Louis) , sgr de Boumois, p. de St-Martin-de-la-Place, 1648.

D'or, à la fasce de gueules, accompagnée en chef de 2 merlettes et d'une étoile en pointe, le tout de gueules.

Gaultier (N.) , conseiller du roi, grenetier au grenier à sel de Cholet, 1700.

D'argent, à trois gantelets de sable, 2, 1.

Gaultier de Brulon, sgrs des Noyers, p. d'Ambillou.

D'azur, à une rose d'or en abîme, accompagnée de 2 étoiles de 6 rais d'or en chef et d'un croissant de même en pointe.

Gaultier de Launay, éc.

D'azur, à trois tours d'argent, rangées sur une terrasse de sinople.

Gaune (Roger) , bourgeois de Montreuil-Bellay, 1700.

D'azur, à 3 canards d'argent, becqués et membrés de gueules, posés en pal.

Gautier (René) , marchand à Saumur, 1700.

De gueules, à une licorne d'argent.

Gautier (Simon) , chanoine de St-Denis-de-Doué, vers 1700.

D'or, à 3 pals de sinople.

Gauvain (François) , sgr d'Auvers et de la Poissonnière, demeurant dans la p. de St-Just-des-Verchers, en 1650.

D'azur, au triangle d'or, accompagné de 3 molettes de même

Gauvain (N.) , bourgeois de Montreuil-Bellay, 1700.

D'azur, au mouton d'argent, passant.

Gauveau (Jean) , éc., sgr de la Targe, 1700.

D'azur, à une colombe d'argent tenant en son bec un rameau d'olivier, d'or ; écartelé aussi d'azur, à un rocher de 3 monticules d'argent.

Gazeau (de) , éc., sgrs de la Touche et de Chailly. — Comp. à l'ass. de la nobl. du Saumurois, 1789.

D'azur, au chevron d'or accompagné de 3 trèfles de même.

Gazin (Michel) , curé de Restigné, 1700.

D'azur, à la croix tréflée d'or ; écartelé d'argent, à une aigle à 2 têtes, de gueules; le vol abaissé.

Gébert (de) , éc., sgrs du Pont. — Comp. à l'ass. de la nobl. du Saumurois, 1789.

Écartelé, aux 1 et 4 d'azur, à la fleur de lis d'or ; aux 2 et 3 d'argent, à trois roses de gueules, 2, 1.

Gelée (Michel) , marchand à Soulangé, 1700.

D'argent, à une fasce de gueules, surmontée de trois roses de même.

Gennes (la ville de) .

De sable, à une salamandre d'or, couronnée de même, reposant dans des flammes de gueules.

Germain (Michel) , éc., sgr de Valcourt, secrétaire du roi, 1700.

D'azur, à une fasce d'or, chargée de trois losanges et deux-demies, de gueules.

Gibot (marquis de) , sgrs de Bagneux. — Compar. à l'ass. de la nobl. du Saumurois, 1789.

D'argent, au léopard de sable.

Giffard (de), éc., sgrs de Vaux.

D'azur, à trois fasces ondées d'or, à une bande de gueules chargée de trois lionceaux d'or, brochant sur le tout.

Gigault (Joseph)) avocat à Saumur, 1700.

D'or, à une bande de sable.

Gille (Charlotte) , veuve de Henri-Albert Duchatel, sgr de Billy, 1700.

D'argent, à 3 cors de chasse, de sable, 2, 1.

Gilles de Fontenailles. chev., aux Morains, c. de Dampierre. — Comp. à l'ass. de la nobl. de Touraine, 1789.

D'argent, à trois biches de gueules, passantes, et posées, 2, 1.

Girard (de) , éc., sgrs du Plessis-Malineau.

D'azur, à trois chevrons d'or.

Girois (de) , éc., sgrs de la Poupardière.

D'or, à 4 fasces d'azur.

Giteau (N.), procureur du roi à Saumur, 1696.

Losangé d'argent et de sable.

Godde de Varennes, chev.

D'argent, à la fasce de gueules, accompagnée en chef de deux étoiles de sable et en pointe d'une hure de sanglier de même, défendue d'argent.

Gohin de Montreuil, éc., sgrs de Chemant, p. de Blaison. — Comp. à l'ass. de la nobl. du Saumurois, 1789.

Ecartelé, aux 1 et 4 d'azur, à la croix pommetée, d'or ; aux 2 et 3 d'argent, à l'aigle éployée de gueules, membrée d'or.

Goislard de Montsabert, éc., sgrs d'Artannes. — Comp.

à l'ass. de la noblesse du Saumurois 1789.

D'azur, à trois roses d'or, 2, 1.

Gondrin de Pardaillan d'Antin (Julie-Sophie-Gillette), abbesse de Fontevraud, morte le 20 décembre 1797.

Ecartelé, au premier de sinople, chargé d'un écu d'or, au lion rampant de gueules, accompagné de six écus d'or, bordés de gueules, trois en chef, deux et un en pointe ; le deuxième mi-parti d'or à quatre pals de gueules ; le troisième d'or à un lion de sable ; le quatrième d'azur à une cloche d'argent, bataillée de sable ; le cinquième d'azur à une fleur de lis d'or ; le sixième d'azur pointé et ondé de trois pièces d'argent ; le septième d'argent, à 3 fasces ondées d'azur ; le huitième d'or à trois tourteaux de gueules, à la clef de sable, sur le tout de gueules à une tour d'or, chargée de trois têtes de maures, bandées d'argent et de sable.

Goudault (René) , curé de Brain-sur-Allonnes, mort le 12 décembre 1707.

D'argent, au chevron de gueules, chargé d'une croisette d'or, et accompagné de trois tourteaux d'azur, deux en chef et un en pointe.

Goué (de) , éc.
D'or, au lion de gueules surmonté d'une fleur de lis d'argent.

Gouffier de Boissy, comtes de Maulévrier et sgrs de Cerqueux-sous-Passavant.

D'or, à trois jumelles de sable en fasce.

Goujon (François) , curé de Cernusson, 1720.

D'azur, à une ancre d'argent, l'écu semé de petits poissons de même.

Goulaine (de) , chev., sgrs de Martigné-Briand.
Parti d'Angleterre et de France.

Goulard, éc., sgrs de la Grange, p. des Verchers.

D'azur, au lion rampant d'or, armé, lampassé et couronné de gueules.

Gourdon (Pierre) , chapelain de St-Mathieu de Cussé, 1696.

D'argent, à une croix de sable.

Gourichon (Louis) , curé de Cossé, mort le 3 avril 1739.

D'argent, à une tour de sable.

Gourion (Pierre) , fermier à Concourson, 1700.
D'or, à 5 aiglettes d'azur, en sautoir.

Grandhomme (Renée) , dame de la Guérinière, p. de Doué, 1729.

De sable, à un buste d'homme, d'argent.

Graslin (François) , prieur de Coron, 1728.
D'argent, au chevron d'azur accompagné en chef de deux étoiles de même, et en pointe d'un coq au naturel ; au chef de sinople chargé d'un croissant d'argent, accosté de deux cloches d'or, bataillées de sable.

Grenouillon (de) , éc., sgr de Fourneux, p. de Dampierre.

De sable, à trois fasces d'or, à une bande d'azur brochant sur le tout.

Greteau (François) , prêtre, 1700.
De gueules, à trois chiens d'argent courant l'un sur l'autre.

Grezille (de la) , chev., sgrs de St-Just, XIVe siècle.
De gueules, fretté d'argent.

Grezille (le Chapitre de la) .
De sable, à trois fasces denchées par le bas, d'or, et une Notre-Dame de carnation, brochant sur le tout, habillée de pourpre et d'azur et couronnée d'une couronne ducale d'or.

Griffon (René) , bourgeois de la Romagne, 1696.
D'argent, à deux épées de gueules en sautoir.

Grignon (François) , marchand à Saumur, 1700.
D'hermines, à une fasce fuselée de gueules.

Grimaldi (Jérôme) , cardinal, abbé de St-Florent-de-Saumur, mort le 4 nov. 1685.

Fuselé d'argent et de gueules.

Grimaudet (de) , éc.

D'or, à trois lions de gueules.

Grimault, éc., sgrs de la Foucherie, la Rablaie, etc.

De gueules, à trois fleurs de lis d'argent, 2, 1.

Gueniveau (Jean) , président en l'élection de Montreuil-Bellay, vers 1700.

D'argent, à trois fasces de sable et un lion de gueules brochant sur le tout.

Guerchon (N.) , chapelain de Notre-Dame-de-Nantilly, 1700.

D'azur, à trois fasces vivrées d'argent.

Guérin (Jean) , chanoine de Notre-Dame-de-Nantilly, 1700.

De sable, à trois poissons d'or posés en trèfle.

Guérineau (Joseph) , sgr de la Lortière, assesseur criminel en la sénéchaussée de Saumur, 1696.

D'argent, à 5 tourteaux d'azur, 2, 2, 1.

Guérineau (Denis) , assesseur honoraire en la sénéchaussée de Saumur, 1696.

De gueules, à 3 tours d'or.

Guibert (Denis) , marchand à Doué, 1700.

De sinople, au chevron d'or.

Guichon (Jacques) , huissier à Noyant, 1700.

D'azur, à une bande d'argent, accostée de deux croissants de même.

Guillon (Charles) , marchand à Saumur, 1700.

Losangé d'or et d'azur.

Guillot (René de) , éc., sgr de Doussay, 1695.

D'argent, à une fasce d'azur.

Guinoiseau (René) , curé de la Tour-Landry, mort le 11 novembre 1702.

D'azur, à une croix d'argent, pommetée d'or, et cantonnée de 4 roses d'argent.

Guiollé (René) , sgr de Puy-Rangard, 1700.

De sinople, à une bande d'or chargée de trois coquilles de sable.

Guittière (Guillaume) , marchand à Saumur, 1700.

D'argent, fretté de gueules.

Gurie (de) éc., sgrs des Roches-Chapelain, p. de la Fosse-de-Tigné. — Pierre de Gurie était lieutenant de roi à Saumur, en 1686.

D'argent, à trois chevrons d'azur.

Hacquet (Antoine) , conseiller du roi, président au grenier à sel de Bourgueil, 1700.

D'argent, à 3 merlettes de gueules, 2, 1.

Haie (de la) , éc.. sgrs de Passavant et de Preuil.

D'or, à deux fasces de gueules, à l'orle de 9 merlettes de gueules sur les fasces, 4 en chef, 2 en fasce, 3 en pointe.

Haie (de la) , éc., sgrs de la Vacherie, p. du Puy-Notre-Dame.

D'azur, au sicot mort, au naturel, accompagné en chef de 3 merlettes rangées, d'or.

Haie-Montbault (de la) , chev., sgrs des Hommes. — Comp. à l'ass. de la nobl. du Saumurois, 1789.

D'or, au croissant de gueules accompagné de six étoiles de même, trois en chef et trois en pointe, celles-ci posées 2, 1.

Hallé (N.) , procureur du roi à Saumur, 1700.

D'hermines, à une fasce de gueules.

Hallouin (Pierre) , sgr de la Perraudière, p. de Varennes, — et de Razay, p. de Vivy.

D'azur, au lion d'or, coupé de gueules, armé, lampassé et couronné d'or.

Hamelin (Louis) , marchand à Courchamps, 1700.
D'or, à cinq étoiles de gueules posées en sautoir.

Harcourt (de) , chev., sgrs de Montreuil-Bellay, au XV° siècle.
De gueules, à deux fasces d'or.

Harcourt (Blanche de) , morte le 13 octobre 1431, et Marguerite de Harcourt, morte le 13 avril 1452, toutes deux abbesses de Fontevraud.
(Mêmes armes que ci-dessus).

Hardouin de la Girouardière, éc., sgrs de Concourson.
D'argent, à la fasce de gueules, accompagnée en chef d'un lion léopardé de sable, et en pointe de deux quintefeuilles de sable.

· Hardy (Isaïe) , apothicaire au Puy-de-la-Garde, vers 1700.
De sable, à une fasce d'argent.

Havard (François) , bourgeois de Montreuil-Bellay, 1700.
D'azur, à deux avirons d'or en sautoir.

Héart de Boissimon, éc., sgrs de Courléon. — Comp. à l'ass. de la nobl. du Saumurois, 1789.
D'azur, au chevron brisé, d'argent, accompagné de deux étoiles d'or en chef et d'une larme d'orgent en pointe.

Hector, chev., sgrs de la Gaubertière, p. de St-Paul-du B., — de Tirpoil, la Remonière, etc. — Comp. à l'ass. de la noblesse du Saumurois, 1789.
D'azur, à trois tours d'or.

Henault (Pierre) , curé de St-Pierre-de-Rillé, 1698.
D'argent, à une croix de gueules cantonnée de 4 P de même.

Henry (François) , curé de Villebernier, 1700.

De gueules, à 2 haches d'argent posées en sautoir.

Henry du Champ (de) , éc., sgrs de la Moinerie.

D'argent, à 3 roses de gueules, 2, 1 ; au chef d'azur chargé **de** trois étoiles rangées, d'argent.

Hérault (François) , conseiller du roi à Saumur, **vers** 1700.

D azur, à une croix endentée d'or.

Herbault (André) , marchand à Saumur, 1700.

De gueules, à trois bandes d'or.

Hillerin (de) , éc., sgrs de Sarré, p. de Gennes.

De gueules, à trois roses d'argent, 2, 1.

Hommes (des) , éc., sgrs de Brenezay, p. du **Puy**-Notre-Dame, XVe siècle.

De gueules, à la bande d'argent.

Humperte (François) , éc., résidant à Saumur **vers** 1650.

Écartelé, aux 1 et 4 d'azur, chargés d'une pucelle au naturel, échevelée, avec un tortil d'or et d'azur ; aux 2 et 3 d'or à la grue de sable.

Hopiteau (Claude de l') , procureur du roi en l'élection de Saumur, 1700.

D'argent, au lion de gueules, couronné d'or.

Houdon (de) , éc., sgrs de la Bouchardière, p. de St-Cyr-en-Bourg, 1556.

De gueules, à trois quenouilles ou fusées d'argent rangées **en** fasce et dressées en pal.

Hudault (Louis) , marchand à Varennes-sous-Montsoreau. 1700.

Vairé d'argent et de gueules.

Huguet (Denis) , bourgeois de Chacé, 1700.

D'azur, à une bande d'argent.

Hurault, marquis de Vibraye, sgrs de la Roche-des-Aubiers, p. de Coron.

D'or, à la croix d'azur cantonnée de 4 ombres de soleil, de gueules.

Hurtault (Jeanne) , femme de N. Javary de la Cour, à Saumur, 1700.

D'argent, à 3 lions de gueules.

Hurtault (Mathieu) , curé de St-André-de-la-Marche, mort le 8 juin 1732.

De sable, au calice d'or, environné de deux palmes d'argent.

Jacob de Tigné, chev., résidant à Dampierre au XVIII⁰ siècle.

D'azur, au chevron d'or accompagné de trois quintefeuilles de même, 2 en chef et 1 en pointe.

Jameron, éc., sgrs du Coudray-Montbault et de la Barre, p. de Martigné-Briand.

De gueules, à trois croix pattées d'argent.

Jameteau (Jean) , marchand à Martigné, 1700.

De gueules, au griffon d'or et une bande d'azur brochant sur le tout.

Jamin (Etienne) , curé de Montigné, mort le 21 décembre 1697.

De sable. à deux étoiles d'or en chef et une croix alaisée de même en pointe.

Jamineau, éc., sgrs de la Coudraye, p. de Cléré.

De gueules, au lion d'argent surmonté de deux tourterelles de même rangées en chef.

Jannin (Mathurin) , prêtre, 1700.

De sable, à une gerbe d'or surmontée d'un croissant de même et accostée de six trèfles d'argent, en pal, trois de chaque côté.

Janvin (Jean) , maître des postes à la Chapelle- Blanche, 1700.

D'azur, au sautoir d'argent.

Jarret, éc., sgrs de Bellevue, p. de St-Just-des-Verchers. — Comp. à l'ass. de la nobl. du Saumurois, 1739.

D'argent, à la hure de sanglier, arrachée de sable, lampassée,
défendue et éclairée de gueules.

Jarzé (de) éc., sgrs des Garennes, p. de Martigné-
Briand.

D'azur, à trois jars ou oies d'or.

Jasnay (N.), procureur du roi au grenier à sel de
Saumur, 1700.

D'azur, à une fasce d'argent chargée de trois aigles de sable.

Jaucourt (de), chév., sgrs des Faveras. — Comp. à
l'ass. de la nobl. du Saumurois, 1789.

D'argent, à une croix de gueules cantonnée de quatre lionceaux d'azur.

Javary (Marie), femme de Jean de Gourault, éc., sgr
de la Targe, 1700.

D'azur, au chevron d'argent accompagné en chef de deux
étoiles de même et en pointe d'un massacre de cerf, d'or.

Javary (Louis-Henri), sgr de la Cour, 1700.
(Mêmes armes que ci-dessus) .

Javeleau (L.), curé de la Seguinière, 1700.
D'argent, à une fasce de sable accompagnée de trois molettes
de même.

Jolly (René) , curé de Concourson, mort le 29 février
1708.

D'or, au lion lampassé de gueules.

Joubert (Jacques) , bourgeois de Maulévrier, 1696.
Losangé d'argent et de sable.

Joubert (Jean) , procureur du roi à Montreuil-Bellay,
1696.

D'argent, à l'écusson de gueules en cœur, chargé d'un anneau d'or.

Joubert (Mathurin) , fermier du prieuré de St-Pierre-des-Verchers, 1696.

D'azur, à une bande d'argent accostée de 2 croissants de même.

Joubert (André) , fermier des Fontaines, 1700.

D'argent, à une croix de sable, chargée de cinq étoiles d'or.

Joubert, éc., sgrs de Montigné et de Laurillonnière.

D'azur, au pin arraché, d'or, fruitté de trois pommes de même.

Joulain (Alexandre) , curé de Denezé, 1704.

D'argent, au cœur de gueules percé d'une flèche d'or en fasce, et surmonté d'une couronne d'épines de sinople.

Joullain (Louis) , marchand à la Chapelle-Blanche, 1698.

D'azur, à 6 besans d'or, 3, 2, 1.

Jouslain (Jean) , marchand à Saumur, 1700.

De gueules, au chevron d'argent accompagné de trois roses d'or.

Jousseaume (de) , chev., sgr de la Chaubruéré et de la Bretèche. — Comp. à l'ass. de la nobl. du Saumurois, 1789.

D'argent, fretté de gueules.

Jousselin (Anne) , à Saumur, 1700.

D'azur, à 3 bandes d'or, 2, 1.

Jousselin (Jean de) , éc., sgrs de Roche et de la Gaucherie. — Comp à l'ass. de la nobl. du Saumurois, 1789.

D'azur, au lion passant, d'or.

Jousselin (François), curé de St-Hyppolyte-sur-Dive, 1708.

De gueules, à trois fasces ondées, d'or.

Joyeuse (François de) , cardinal, abbé de St-Florent-de-Saumur, 1587-1605.

D'azur, à trois pals d'or ; au chef cousu de gueules, chargé de 3 hydres d'or.

La Barre (de) , éc., à Maligné, p. de Martigné-Briand.

D'azur, à la bande d'or accompagnée de deux croissants de même.

La Beraudière (de) , chev., sgrs de Saunay, p. d'Ambillou, — et de Maumusson, p. de Cléré. — Comp. à l'assemblée de la nobl. du Saumurois, 1789.

Écartelé, aux 1 et 4 d'azur, à la croix fourchée, d'argent ; aux 2 et 3 d'or, à l'aigle éployée, de gueules, armée, becquée et couronnée de sinople.

La Brosse (de) , éc. — Comp. à l'ass. de la nobl. du Saumurois, 1789.

D'argent, au chevron de gueules, accompagné de trois merlettes de sable.

La Brunetière du Plessis-Gesté (Guy de) , commandeur de la Lande des Verchers, 1684, mort à Angers, le 24 juillet 1694.

D'hermines, à trois chevrons de gueules.

La Châtre (de) , éc., sgrs de Chanfreau, p. de Varennes-sous-Montsoreau, 1789.

De gueules, à la croix ancrée de vair.

La Chaussée de Boucherville (de) , éc. — Comp. à l'ass. de la nobl du Saumurois, 1789.

Écartelé d'argent et de sable, l'écu en bannière.

La Croix (de) ; éc., sgr de Mionnet. — Comp. à l'ass. de la nobl. du Saumurois, 1789.

D'argent, au lion de sable, armé et lampassé de gueules.

La Fare (Étienne-Joseph de) , prieur de Cunaud, 1707.

D'azur, à trois flambeaux d'or, allumés de gueules.

La Faure (N. de) , receveur du grenier à sel de Bourgueil, 1696.

De gueules, à trois quintefeuilles d'or, en bande.

La Ferté (Mathilde de) , abbesse de Fontevraud, morte le 21 oct. 1265.

D'hermines, au château de...; au chef de... chargé d'une étoile d'or.

La Fontaine (de) , barons de Fontenay. — Comp. à l'ass. de la nobl. du Saumurois, 1789.

De gueules, coupé d'or, au lion d'argent brochant sur le tout.

La Fontenelle (de) , éc., sgrs des Noyers, p. d'Ambillou.

D'argent, à 4 fleurs de lis cantonnées, de gueules.

La Galaire (Abel de) , conseiller du roi, grenetier à Bourgueil, 1696.

D'argent, à une bande de gueules chargée de 3 macles d'or.

La Gascherie (N. de) , conseiller du roi, grenetier au grenier à sel de St-Remi, 1700.

Echiqueté d'or et d'azur.

La Grandière (de) , éc., sgrs de Montgeoffroy.

D gueules, au lion d'argent, armé, lampassé et couronné d'or.

La Gresille (Le Chapitre de) , p. d'Ambillou.

De sable, à 3 fasces denchées par le bas, d'or, et une Notre-Dame de carnation brochant sur le tout, habillée de pourpre et d'azur, et couronnée d'une couronne ducale, d'or.

La Gresille (de) , chev., sgrs de Bagneux, XVe siècle.

De gueules, à 3 crosses d'or, en pal, 2, 1, à la bordure de même.

La Hune (Michelle de) , veuve de Charles de Jarret, éc., 1700.

De sinople, à 3 lions d'argent.

La Hune (Pierre de) , éc., sgr de la Noue, 1650.

D'azur, à trois têtes de lion d'argent, arrachées, 2, 1, en chef, soutenues en pointe d'un lion d'or, couronné, accompagné au tortil de la queue de 2 fleurs de lis de même.

Laistre (de) , comtes de Fontenay. — Comp. à l'ass. du Saumurois, 1789.

D'azur, au chevron d'or, accompagné de trois cygnes d'argent, 2, 1.

La Jaille (de) , éc., sgrs de Vaillé-Brézé.

D'argent, à une bande fuselée, de gueules, sans nombre.

La Joyère (de) , éc.. sgrs de la Guérinière, par. de Doué.

De gueules, au donjon sommé de 3 tours d'or, accompagné en chef de 2 étoiles d'argent.

La Jumellière. (de) , chev.

D'argent, à la croix pattée, de gueules, et trois jumelles de sable brochant sur le tout.

La Lande (François de) , procureur à Montsoreau, en 1696.

D'or, à une croix ancrée, de gueules, cantonnée de 4 roses de même.

La Lande (de) , éc., sgrs de Pimpéan, Aligny et Grollay. — Comp à l'ass. de la nobl. du Saumurois, 1789.

Tiercé en fasce, de gueules, de sable et d'or, le gueules chargé de 3 étoiles rangées, d'or, et l'or chargé d'un cor d'azur, lié de sable.

La Lory (de) , éc., sgrs d'Estiau. — Comparution à l'ass. de la nobl. du Saumurois, 1789.

D'or, à la fasce d'azur, accompagnée de trois étoiles de gueules.

Lamballais (Pierre) , sgr de Beauvais, commissaire

provincial d'artillerie, en 1696.

D'azur, à trois fasces ondées d'argent.

Lamotte-Baracé (de) , chev. — Comp. à l'ass. de la nobl. du Saumurois, 1789.

D'argent, au lion de sable, cantonné de 4 merlettes de même et chargé d'un écu d'argent ; à la fasce de gueules fleurdelisée et contre-fleurdelisée de 6 pièces.

La Muce (de) , sgrs de Chavannes, p. du Puy-Notre-Dame, 1638.

D'argent, à la croix de sable, cantonnée de quatre coquilles de même.

Lancrau (de) , éc., sgrs de là Saudraie, résidant.p. de Martigné-Briand au XVII\u1d49 siècle.

D'argent, au chevron de sable accompagné de 3 roses de gueules boutonnées d'or, 2, 1.

La Noue (de) , avocat à Bourgueil, 1698.

D'azur, à une fasce d'argent.

La Noue (de) , éc., sgrs de Chavannes, p. du Puy-Notre-Dame,

D'azur, à la croix d'argent cantonnée de 4 gerbes d'or.

La Paumellière (de) , éc., 1698.

D'or, à 3 aigles de sable, 2, 1.

La Rivière-Bueil (de) , chev., sgrs de Bouillé. — Comp. à l'ass. de la nobl. du Saumurois, 1789.

D'azur, à la fasce d'or de 3 pièces.

La Roche de Vernay (de) , chev., sgrs des Granges-Demion, p. de St-Clément-des-Levées. — Comparution à l'assemblée de la noblesse de l'Anjou, 178h.

D'argent, à 3 fasces ondées, de gueules.

La Rue (N. de) , conseiller du roi, grenetier au grenier à sel de Saumur, 1700.

D'or, à cinq aiglettes d'azur en sautoir.

La Rue (de) , chev. — Comp. à l'ass. de la noblesse du Saumurois, 1789.

D'azur, au sautoir engrêlé d'or.

La Selle (de) , éc., sgrs de St-Just-des-Verchers. — Comp. à l'ass. de la nobl. du Saumurois, 1789.

D'or, à trois têtes de lion de gueules.

La Touche (de) , éc., sgrs de Rabaté, p. de Souzay.

D'or, au lion de sable, couronné, lampassé, et armé de gueules.

La Tremblaye-Robin (de) , chev., sgrs de Pimpéan.

De gueules, à 2 clefs passées en sautoir, d'argent, accompagnées d'une croisette de même en chef et de trois trèfles d'or en pointe.

La Tremoille (de) , barons de Montreuil-Bellay. — Comp. à l'ass. de la nobl. du Saumurois, 1789.

D'or, au chevron de gueules accompagné de 3 aiglettes d'azur, becquées et membrées de gueules.

Laumont (de) , éc., résidant dans la p. de Martigné-Briand, au XVIe siècle.

D'azur, à trois anneaux d'or.

Launay (Pierre de) , lieutenant de bourgeoisie à Saumur, 1700.

D'azur, à une fasce d'or surmontée de trois étoiles de même.

Launay (Urbaine-Elisabeth de) , femme d'Alexandre du Boul, éc., sgr de la Vergne, 1700.

D'argent, au sautoir de gueules accompagné de 4 roses de même.

Launay (François de) , éc., sgr de Cumeray, 1700.

D'or, à un arbre arraché de sinople, accosté de deux aigles de sable, éployées ; le vol abaissé et affrontées.

Laurens (du) , éc., sgrs d'Avort, p. de Louerre. du Joreau, et de la Harielle. — Comp. à l'ass. de la nobl. du Saumurois, 1789.

D'azur, coupé d'argent, au lion coupé de l'un en l'autre.

Laval (de) chev., sgrs de Trèves, XVᵉ siècle.
De gueules, au léopard d'or.

Lavau (de) , éc., sgrs de Lavau, résidant dans la sénéchaussée de Saumur, au XVIIᵉ siècle.
D'argent, à 14 hermines de sable, 5 péries au bord de l'écu et posées en pal, 3, 5, 5, 1.

Lavedan (Bonaventure de), éc., sgr de Burgnes, résidant à Saumur, p. de Nantilly, vers 1680.
D'argent, à trois corbeaux de sable.

Le Bel, éc., sgrs de Launay, Louresse, etc. — Comp. à l'ass. de la nobl. du Saumurois, 1789.
D'or, fretté de gueules.

Le Bigot (Suzanne-Angélique), femme de Charles Duvau, chev., sgrs de la Genevraie, 1700.
D'or, à une fasce de sable, chargée de 3 étoiles d'argent.

Le Bigot de Gastines, éc., sgrs du Coudray-Macouard, et de la Salle.
D'argent, à la fasce de sable chargée de trois losanges d'or et accompagnée de trois trèfles de sinople.

Le Bœuf (N.) , commissaire provincial d'artillerie, 1700.
D'azur, à 3 rencontres de bœuf, d'or, 2, 1 ; accolé d'azur, à trois croissants d'or, 2, 1.

Le Bœuf (Michel) , avocat à Saumur, 1700.
D'azur, à trois rencontres de bœuf, d'or, 2, 1.

Le Bœuf (François) , sgr du Touillet, conseiller du roi, élu, à Saumur, 1700.
(Mêmes armoiries que ci-dessus) .

Le Bœuf (Jean) , bourgeois de Saumur, 1700.
D'argent, à trois rencontres de bœuf, de gueules.

Le Breton (Jacques) , curé de St-Georges-du-Puy-de-la-Garde, 1700.

De pourpre, à une croix d'hermines.

Lebreton de Vonne (N.) , éc., sous-lieutenant du régiment des Cévennes, sgr de Morains, p. de Dampierre, 1761.

D'azur, au chevron d'or accompagné en chef de deux étoiles d'argent, et en pointe d'un croissant de même.

Leclerc de la Ferrière, chev., sgrs de Vésins.

D'argent, à la croix dentelée de gueules, cantonnée de quatre aigles de sable.

Leclerc de Mauny, éc., sgrs de St-Pierre-en-Vaux, XVI⁵ siècle.

D'argent, à la croix engrêlée, de gueules, cantonnée de quatre aiglettes de sable.

Le Compte (René) , marchand à Bourgueil, 1700.

Pallé d'or et d'azur de 6 pièces.

Le Comte (Jean) , marchand, capitaine de bourgeoisie à Saumur, 1700.

D'argent, à une croix de gueules chargée en cœur d'une quintefeuille d'or.

Leconte (Jean) , curé d'Allonnes, 1700,

De sable, au cercle ou couronne de baron, d'argent, surmonté d'une couronne de comte, d'or.

Le Doyen (N.) , conseiller du roi, garde scel au grenier à sel de Saumur, 1700.

D'argent, à trois fasces d'azur.

Legier de Puyraveau, (Pierre-Augustin) , curé de Nueil-sous-Passavant, 1776, mort le 25 février 1782.

D'argent, à 3 roses de gueules, 2, 1.

Leguay (René) , sgr de la Bernardière, 1696.

D'or, à trois fasces ondées d'azur.

Lehoux (Jacques) , conseiller du roi en la sénéchaussée de Saumur, 1700.

D'argent, à une bande d'azur ; au chef de gueules chargé d'un soleil d'or.

Le Houx (le) , à Montreuil-Bellay, 1700.

D'argent, à une rose de gueules, accompagnée de trois molettes de même, 2, 1.

Lehoux du Plessis, éc., sgrs de la Roche-Coutant, p. de Tigné.

D'azur, au chevron d'or accompagné de deux étoiles en chef et d'une merlette en pointe de même.

Lejeune de Créquy, éc.

De gueules, au créquier d'argent.

Le Jumeau, éc., sgrs de la Brosse, du Plessis, etc. — Comp. à l'ass. de la nobl. du Saumurois, 1789.

D'argent, à trois bandes d'azur ; au chef de gueules chargé d'un léopard d'or.

Le Large, éc., sgrs de Pierre-Basse. — Comp. à l'ass. de la nobl. du Saumurois, 1789.

D'azur, à deux fasces d'argent chargées de trois annelets de gueules, deux sur la première et un sur la seconde.

Le Lièvre (Pierre) , marchand au May, 1702.

D'or, à trois trèfles d'azur en sautoir.

Le Loup, éc., sgrs de Marmoutier, résidant dans l'élection de Saumur, au XVIIᵉ siècle.

D'azur, au loup d'or.

Lemaçon de Launay, éc.

D'argent, au cerf passant, de gueules, ramé et onglé d'azur.

Lemaczon, éc,, sgrs de Trèves, XVᵉ s.

D'azur, à une fasce d'or accompagnée de trois besans d'argent, 2, 1.

Le Marié (Françoise) , à Saumur, 1700.

D'azur, à trois losanges d'or, 2, 1.

Le Marié (Anne), veuve d'Urbain de Chambes, éc., sgr d'Avoir, 1700.

D'azur, à trois losanges d'or, 2, 1.

Le Mercier (Charlotte), femme de Louis Jousseaume, éc., sgr de la Bretèche, 1700.

D'azur, au chevron d'argent accompagné en chef de deux étoiles d'or et en pointe d'un cimier de même.

Le Mercier, éc., sgrs de la Rivière à Montsoreau, au XVIIe siècle.

D'argent, à une bande de sinople chargée d'un besant d'or et accostée de 6 merlettes de sable, 3 dessus, 3 dessous.

Lenfant (Gédéon), éc., sgr de Boismoreau, 1700.

D'or, à trois fasces de gueules.

Lenfant (Marie), femme de N. de Pasdeloup, commissaire provincial de l'artilerie, 1700.

D'azur, au lion d'argent.

Le Noir de Pasdeloup, éc , sgrs de la Cour-de-Couziers. — Comp. à l'ass. de la nobl. du Saumurois, 1789.

D'azur, à 3 écussons d'argent accompagnés de 7 hermines de sable, trois en chef, une en cœur, trois en pointe, 2, 1.

Le Page (Pierre), bourgeois de Cholet, 1700.

D'or, au paon d'azur.

Le Pauvre (Eléonore), veuve de N. du Trochet, vers 1700.

D'azur, à deux bourses, l'une d'or et l'autre d'argent, posées en fasce.

Le Pauvre, éc., sgrs de Sazé, p. de Chemellier, 1622.

De gueules, à trois fasces d'argent, à la bande d'azur chargée de trois lions léopardés d'or, brochant sur le tout.

Lepelletier de Glatigny, éc.

D'azur, à la bande d'argent chargée d'un croissant de....,

accompagnée de trois étoiles d'argent.

Lepeintre de Marigny, éc., sgrs de Cholet, 1755.
D'argent, à une fasce de sable accompagnée de trois cerfs passants, aussi de sable, 2, 1.

Lepinay (N.) , marchand à Saumur, 1700.
D'azur, à une croix pattée, d'argent.

Le Riche des Dormans, chev., sgrs des Dormans, p. d'Epieds, 1730. — Comparution à l'assemblée de la noblesse du Saumurois, 1789.
D'azur, à une fasce d'or accompagnée de deux têtes de cheval arrachées, d'argent, une en chef, l'autre en pointe ; écartelé d'azur, à trois têtes de léopard arrachées, d'or, 2, 1.

Le Roux, éc., sgrs de Mazé, p. de Cheviré, — des Morains, p. de Dampierre, de Salvert, la Roche-des-Aubiers, etc. — Comp. à l'ass. de la nobl. du Saumurois, 1789.
Gironné d'argent et de sable de 8 pièces.

Le Roux (Louis) , marchand à Maulévrier, 1700.
De sable, à 2 chevrons d'azur.

Le Roy de Chavigny (Jacques) , abbé de St-Florent-de-Saumur, 1518.
Écartelé, aux 1 et 4 d'argent à la bande de gueules, aux 2 et 3 échiquetés d'or et d'azur, qui est de Dreux, et sur le tout, pallé d'or et de gueules, qui est d'Amboise.

Le Royer de la Sauvagère (François) , ingénieur du château de Saumur, mort le 29 mars 1782.
D'azur, à trois roues d'or, 2, 1.

Le Sercillier (André) , curé du Voide, 1700.
De sable, à 2 soleils d'or en chef et une croisette de même en pointe.

Lespagneul, éc., sgrs de la Plante, — et du Pré, p. d'Allonnes. — Comp. à l'ass. de la noblesse du Saumurois, 1789.

D'azur, à trois têtes d'épagneul d'argent, 2, 1.

Lespaye (de) , éc., sgrs de St-Géneroux. — Comp. à l'ass. de la nobl. du Saumurois, 1789.

De gueules, à 6 annelets d'argent posés en orle, et une bande aussi d'argent.

Lestang (Jacob de) , éc., sgr de Rye et du Fougeray, lieutenant de roi à Saumur, 1700.

D'argent, à 7 fusées de gueules.

Le Tellier (Charles) , sgr de la Motte, 1700.

D'or, à une aigle de sable.

Le Vayer (Dominique) , prieur de Courchamps, aumônier du roi, 1668.

D'argent, à la croix de sable chargée de 3 miroirs ronds, d argent bordés d'or.

Le Veneur, chev., sgrs de Marmande, p. dé la Fosse-Tigné, XV⁰ siècle.

D'argent, à la bande d'azur chargé de trois sautoirs d'or.

Levesque (Louis) , lieutenant de bourgeoisie et marchand à Saumur, 1700.

D'or, au chevron de gueules accompagné de 3 mouchetures d'hermines, de sable.

L'Hopiteau (Claude de) , conseiller et procureur du roi en l'élection de Saumur, 1700.

D'argent, au lion de gueules couronné d'or.

Ligondès (de) , éc., sgrs de la Sansonnière, p. de St-Georges-des-Sept-Voies, 1722.

D'azur, semé de molettes d'or, au lion rampant de même.

Limesle (de) , éc., sgrs de Bellefray, p. de Neuillé.

D'argent, à 3 tourteaux d'azur chacun chargé d'une quintefeuille d'argent.

Livenne (Charles-Marc de) , abbé de St-Maur, 1753.

D'argent, à la fasce d' zur losangée d'argent et accompagnée de 3 étoiles de gueules.

Loges (les religieuses de Notre-Dame des) .

D'argent, à une Notre-Dame au naturel, vêtue de gueules et d'azur, diadêmée d'or, posée sur un terrain de sinople, tenant l'enfant Jésus aussi au naturel, ayant une couronne d'or sur la tête.

Longueil (de) , éc., sgrs de la Giraudière, p. de Blaison. — Comp. à l'ass. de la nobl. du Saumurois, 1789.

D'azur, à trois roses d'argent, 2, 1 ; au chef d'or chargé de 3 roses de gueules.

Lossendière (Marie de) , veuve de Nicolas Javary, gentilhomme servant de feue la Reine, 1700.

D'azur, au chevron d'argent accompagné en chef de deux étoiles de même, et en pointe d'un massacre de cerf, d'or.

Lossendière (Pierre de) , avocat au parlement, 1700.

D'argent, à une bande de gueules chargée de trois têtes de licorne d'or.

Lossendière (N. de) , président au grenier à sel de Saumur, 1700.

D'or, à 7 losanges de gueules, 4, 3.

Loubes (Jean de) , prieur de Trémentines, 1726.

Losangé d'or et d'azur.

Loudun (Mathieu de) , abbé de St-Florent-de-Saumur, mort le 13 mars 1162.

De gueules, à la bande d'or.

Loudun (de) , chev., sgrs de Trèves, XIIIe siècle.

(Mêmes armes que ci-dessus) .

Louet, éc., sgrs de la Boutonnière. — Comp. à l'ass. de la nobl. du Saumurois, 1799.

D'azur, à trois coquilles d'or, 2, 1.

Lusignan de St-Gelais (Marie de) , dame de la Lucasière et du Pont-de-Varennes, p. de Louresse, 1630-44.

Ecartelé, aux 1 et 4 d'azur, à la croix alaisée d'argent, qui est de St-Gelais ; au 2 burelé d'argent et d'azur de dix pièces, qui est de Lusignan ; au 3 burelé de même, au lion de gueules, couronné et lampassé d'or.

Lux (César de) , sgr de Vantelet et de Fourneux, p. de Dampierre, prieur de N.-D. de Cunaud, mort le 6 mars 1706.

D'argent, à 3 mouchetures d'hermines de sable.

Mabille de la Paumellière, éc., sgrs de Longueville, p. de St-Ellier, — de l'Etang-de-Gennes et de Poizay. — Comp. à l'ass. de la nobl. du Saumurois, 1789.

D'azur, au chevron d'argent, accompagné de trois tours de même, maçonnées de sable.

Machault (Christophe de), prieur de St-Cyr-en-Bourg, 1658.

D'argent, à trois têtes de corbeaux, de sable, arrachées de gueules.

Madeleine de Brossay (le prieuré de la) .

D'argent, à la Madeleine de sable, la tête et les mains de carnation.

Maignan (Claude Le) , éc., sgr du Marais et de la Rochebrochard, vers 1650.

De gueules, à la bande d'argent chargée de 3 coquilles de sable.

Maignelais (Antoinette de), dame de Cholet, 1463.

D'argent, à 3 lions de sable, armés, lampassés et couronnés d'or ; en cœur, un écusson d'azur, chargé d'une fasce d'or accompagnée de 6 billettes de même.

Maillé de la Tour-Landry (de) , chev., sgrs de Vernantes. — Comp. à l'ass. de la nobl. du Saumurois, 1789.

D'or, à 3 fasces nébulées de gueules.

Malestroit (de) , chev., sgrs de la Touche-Saintré, p. d'Allonnes, XVIe siècle.

De gueules, à 9 besants d'or, 3, 3, 3.

Malineau (de) , éc., sgrs du Plessis-Malineau.

D'argent, à la fasce de gueules chargée de 5 sautoirs et accompagnée de 5 merlettes de sable, trois rangées en chef, deux en pointe accostant une ancre de même.

Maliverné (de) , éc., sgrs de la Vignolle, XVIe siècle.

D'azur, au chevron d'or accompagné en chef de deux levrettes rampantes, et affrontées, d'argent.

Mangonneau (N.) , procureur fiscal à Bourgueil, 1700.

De gueules, à 3 bandes d'argent.

Marbœuf (de), éc., sgrs de Blaison, XVIIe siècle.

D'azur, à deux épées d'argent, la pointe en bas, montées d'or, et mises en sautoir.

Marchand de Verrières, éc., sgrs de Brenezay, p. de Distré, 1760.

D'azur, au chevron d'or, accompagné de 3 roses d'argent, tigées et feuillées de même ; au chef d'argent chargé d'une croix potencée, d'or, cantonnée de 4 croisettes de même.

Marconnay (de) , éc., sgrs de Mareuil et de Mornay. — Comp. à l'ass. de la nobl. du Saumurois, 1789.

De gueules, à 3 pals de vair, au chef d'or.

Margot (de) , éc., sgrs de Briacé, résidant dans la paroisse de St-Lambert-des-Levées au XVIIe siècle.

D'azur, à trois chevrons d'or.

Mariault (Jean) , prêtre, 1700.

D'or, à une fasce d'argent chargée de cinq besants d'or.

Maridor (de) , chev.

D'azur, à 3 gerbes d'or.

Marillet (François), greffier en l'élection de Montreuil-Bellay, 1700.

D'argent, à la banderolle de gueules, chargée d'une croix d'argent.

Marmande (N. de) , à Saumur, 1700.

D'argent, à une bande fuselée de gueules.

Marmande (de) , chev., sgrs de Trèves, au XIII° siècle.

D'or, à deux fasces de sable.

Marquis (N.) , prêtre, 1700.

D'argent, à une bande de gueules.

Marreau (de) , éc., sgrs de Boisguérin et de Bournezeaux. — Comp. à l'ass. de la nobl. du Saumurois, 1789.

D'azur, à la bande d'or.

Marsolles (de) , éc., sgrs de Méron, XVII° siècle.

D'argent, à trois trèfles de sinople, au croissant de gueules mis en abîme, soutenant un cœur de même.

Martigné-Briand (le Chapitre de) .

D'azur, au buste de saint Simplicien de carnation, mitré d'or et vêtu de même, au dessous duquel est un hachereau de boucher d'argent, emmanché de gueules, cloué d'or, posé en fasce.

Martin (Florent) , greffier à Saumur, 1700.

D'argent, au vol d'azur.

Martineau (François) , prêtre, 1700.

D'argent, à 3 oiseaux appelés martinets, de sable, 2, 1.

Masseilles (Joseph de) , éc., sgr de l'Ile, p. de Fontaine-Milon, 1698.

De gueules, à une fasce échiquetée, de trois traits, d'argent et de sable, accompagnée de 7 fusées d'argent, 4 en chef et trois en pointe.

Masson (Nicolas) , curé d'Artannes, 1703.

D'or, à trois fasces ondées d'azur.

Mathefelon (Jean de) , prieur de Trémentines, 1498.
D'or, à 6 écussons de gueules, 3, 2, 1.

Mathefelon (de) , éc., sgrs de la Troche, p. du Voide.
(Mêmes armoiries que ci-dessus).

Maubert (Jérémie de) , éc., sgr de Coisbray et du Plessis-Thiour, 1693
De gueules, à une fasce d'or chargée de 3 quintefeuilles de pourpre, et accompagnée de 3 merlettes d'argent, 2 en chef, affrontées, l'autre en pointe.

Maudet (de) , éc., sgrs de Brigné, 1616.
De gueules, à la fasce cousue d'azur, chargée de trois étoiles d'argent. et accompagnée de 3 aigles éployées d'or.

Maulévrier (de) , chev.
D'or, au chef de gueules.

Maupassant (Jacques) , échevin de l'hôtel de ville de Saumur. 1700.
D'azur, à une levrette passante d'argent, accolée de sable, et surmontée d'un croissant d'or.

Meaussé (de) , éc., sgrs des Marchais, p. de Faveraie, 1700.
D'argent, à trois chevrons de sable.

Megnan (Anne) , femme de Elie-Victor de Berziau, éc., sgr de Champgrimont, 1700.
D'argent, à la croix de gueules, chargée de 3 coquilles d'or.

Melay (Charles de) , éc., dans l'élection de Montreuil-Bellay, 1700.
De gueules, à cinq besans d'argent, 3, 2.

Melun (de) , chev., sgrs de Montreuil-Bellay, XIIIe siècle.
D'azur, à sept besants d'or. 3, 3, 1 ; au chef d'or.

Menard (Claude) , prêtre, né à Saumur en 1574, et mort en 1652.

D'argent, à une étoile d'or, accompagnée de trois brins de spic, de sinople.

Menou de Charnizay (Marie-Françoise de) , dame de Rou, 1789.

De gueules, à une bande d'or.

Merceron (François) , marchand à Neuillé, 1700.
D'or, à trois fasces de sinople.

Mergot (de) , éc.
De sable, au lion d'or.

Merlet (Joseph) , marchand à la Tour-Landry, 1700.
D'or, au chevron d'azur.

Meschine des Sablonnières (N.) , bourgeois de Saumur, 1700.
De..., à trois rocs d'échiquier, de gueules.

Meschine (Jean-Julien) , curé de Varennes-sous-Montsoreau (1694-1735) ; chefcier du Chapitre de Montsoreau, mort le 14 décembre 1737.
D'azur, au chevron d'or accompagné en chef de deux roses tigées et feuillées d'argent, et en pointe, d'une gerbe de même.

Meschine de la Mauménière, bourgeois de Montsoreau, 1698.
De sinople, à trois têtes de léopard d'or.

Meschine (Louis-Thomas) , capitaine au régiment de Vexin, sgr de la Mauménière, p. de Montsoreau, 1712.
(Mêmes armes que ci-dessus) .

Meschine (Pierre) , chapelain du Chapitre de Montsoreau, 1698.
D'or, à une bande componnée d'argent et de sable.

Mesgrigny (de) , chev., sgrs de Vihiers, 1690.
D'argent, au lion de sable.

Messémé (de) , éc., sgrs de Sangué et du Cormier. —

Comp. à l'ass. de la nobl. du Saumurois, 1789.

De gueules, à 6 feuilles de pannes d'or.

Michelet (Jean) , curé de la Fosse-de-Tigné, mort le 7 sept. 1703.

D'or, au nom de Jésus de sable, soutenu de 3 clous de la Passion, appointés, de même.

Michon (Antoine) , bourgeois de Cholet, 1700,
De gueules, à huit coquilles d'argent, en orle.

Milly (de) , éc , dans l'élection de Saumur, 1680.
De sable, au chef d'argent.

Milon (César) , prieur de Benais, 1700.
De gueules, à une fasce d'or, chargée d'une merlette de sable et accompagnée de trois croissants d'argent, 2, 1.

Miron (Charles) , aumônier du roi, curé de Gennes, 1665.
De gueules, au miroir rond, d'argent, pommeté et cerclé d'or.

Mocet (Henri) , éc., sgr du Buisson, maire perpétuel, sénéchal et lieutenant-général de Saumur, mort le 26 septembre 1716.
De gueules, au chevron d'or accompagné de trois tourterelles d'argent, 2 en chef et une en pointe ; parti d'argent, à trois têtes de serpent coupées, de sable, 2 en chef et une en pointe.

Mocet (Jeseph-Henri) , prieur de St-Georges-des-Sept-Voies, chanoine de Tours, mort le 27 avril 1775.
(Mêmes armes que ci-dessus) .

Mocet du Chillois (N.) , lieutenant des maréchaux de France à Montreuil-Bellay, 1789.
D'azur, au chevron d'or accompagné de trois tourterelles d'argent.

Mondion (de) , éc., sgrs de May, p. de Dampierre, au XVI° siècle,

D'argent, à deux fasces de sable, accompagnées de trois roses de gueules, rangées en chef.

Montagnac (de) , chev., sgrs de la Salle, p. de Montreuil-Bellay. — Comp. à l'assemblée de la noblesse du Saumurois, 1789.

De sable, au sautoir d'argent accompagné de quatre molettes de même.

Montaigu (François de) , commandeur de la Lande-des-Verchers, 1612.

D'azur, à deux lions d'or, mis à côté l'un de l'autre, couronnés et lampassés d'argent.

Montalais (de) , chev., sgrs de Cholet, XVIᵉ siècle.
D'or, à trois chevrons d'azur renversés.

Montberon (de) , chev., sgrs de Maulévrier, et de Trèves.

Écartelé ; aux 1 et 4 fascé d'argent et d'azur ; aux 2 et 3 de gueules.

Montbriel (Marthe de), femme d'Esprit Grimault, éc., sgrs de la Soucherie, 1696.

D'or, à une montagne d'azur, et un chef de sinople chargé de 2 coquilles d'argent.

Monteclerc (de) , chev., sgrs de Trèves.
De gueules, au lion couronné d'or.

Montejean (de) , chev., sgrs de Cholet, XVᵉ siècle.
D'or, fretté de gueules.

Montespedon (de) , chev., sgrs de Passavant.
De sable, au lion d'argent.

Montmorency (de), chev. — Comp. à l'ass. de la nobl. du Saumurois, 1789.

D'or, à la croix de gueules cantonnée de seize alerions d'azur.

Montmorin-St-Hérem (Louise-Claire de) , abbesse de

Fontevraud, morte le 19 décembre 1753.

De gueules, semé de molettes d'ép ron d'argent, au lion de même brochant sur le tout.

Montours (de) , sgrs de Bretignolles, p. de Cléré.

D'or, au chef de gueules chargé d'une croisette pattée, au pied fiché d'or.

Montplacé (Pierre de) , prieur de Montilliers, 1480.

D'azur, à la croix d'or cantonnée de 4 fleurs de lis de même.

Montreuil-Bellay (la ville de) .

D'azur, à une croix d'or cantonnée de 4 besants de même.

Montsoreau (la ville de) .

D'or, à la croix de gueules, au chef d'azur chargé de 3 fleurs de lis d'argent.

Montsoreau (le Chapitre de) .

D'azur, semé de fleurs de lis d'argent, au lion de gueules, brochant sur le tout.

Montsoreau (de) , chev., sgrs de Montsoreau et du Coudray, XIII• siècle.

D'or, à la croix pattée de gueules.

Morain (François) , marchand à Saumur, 1700.

D'azur, à l'étoile d'or accostée des lettres F et M, de même.

Moreau, éc., sgrs de la Morinière, résidant dans l'élection de Saumur au XVIIe siècle.

De gueules, à la foi vêtue d'or, en fasce, accompagnée de 3 roses d'argent.

Moreau, sgrs du Puy-Cadoret, p. de St-Hilaire-du-Bois, 1700.

De gueules, à une épée en pal, la pointe en bas, la lame d'argent et la poignée d'or.

Morin (François) , notaire royal à St-Hilaire-des-Echaubroignes, 1700.

D'azur, à une fasce d'argent chargée de trois aigles de gueules et accompagnée de trois étoiles d'or.

Mote-Baracé (de la), chev., sgrs de la Motte, p. de St-Lambert-des-Levées. — Comp. à l'ass. de la noblesse du Saumurois, 1789.

D'argent, au lion de sable, cantonné de 4 merlettes de même, et chargé d'un écu d'argent, à la fasce de gueules fleurdelisée et contre-fleurdelisée de six pièces.

Motet (Pierre) , curé de Parnay, chanoine de Candes, prieur de St-Jean-de-Sauve, mort le 15 mai 1718.

D'or, au chevron de sable accompagné en chef d'une motte de sinople à dextre et d'un coq de gueules à sénestre, et en pointe d'un char d'azur, sur deux roues de même, enflammé de gueules.

Mothais (André) , sgr de Villiers, procureur du roi à Saumur, 1700.

D'or, à deux fasces échiquetées d'argent et d'azur de deux traits chacune.

Moulins (de) , chev., sgrs de la Roche-de-Gennes. — Comp. à l'ass. de la nobl. du Saumurois, 1789.

D'argent, à trois anilles de moulins, de sable, 2, 1.

Moussy (Jean de) , curé de Vaudelenay, 1557.

D'or, au chef de gueules chargé d'un lion léopardé d'argent,

Naillac (de) , chev., sgrs de Pimpéan, XVIIe siècle.

D'azur, à deux lions léopardés, d'or, l'un sur l'autre.

Nantilly (le Chapitre de N.-Dame de) .

D'azur, à une Notre-Dame au naturel, habillée d'argent, portant l'enfant-Jésus aussi au naturel, tenant en sa main dextre un sceptre royal, d'or, appuyé sur un croissant d'argent, entouré de rayons d'or, avec ces paroles autour : « Sigillum Capituli ecclésiæ Salmuriensis ».

Nau, sgrs de la Rigaudrie, p. d'Epieds, 1606.

De gueules, à la gerbe de blé d'or, liée de même, soutenue de deux lions aussi d'or.

Nau de Cordais, éc., sgrs de Cordais et de Montjean. — Comp. à l'ass. de la nobl. du Saumurois, 1789.

(Mêmes armes que ci-dessus) .

Neddes (de), éc., sgrs de Chevré, p. de Vivy, XVIe et XVIIe siècles.

D'argent, à 3 fleurs de gueules, tigées et feuillées de sinople; au chef d'azur chargé de trois étoiles d'or.

Nepveu, éc., sgrs de Pouancé.

D'azur, à 3 besants d'or, chacun chargé d'une croix de gueules.

Nepveu, éc., sgrs de la Montallerie.

D'or, à deux fasces de gueules.

Nicolas (René), procureur fiscal à Vihiers, 1700.

D'azur, à la croix d'argent cantonnée de 4 trèfles de même.

Noailles (de), chev., sgrs de Trèves.

De gueules, à la bande d'or.

Noyers (des), élection de Saumur, 1700.

D'azur, au chevron d'or accompagné en chef d'un vol, et en pointe d'un demi-vol de même.

Odart (Hugues), archiprêtre de Saumur, mort le 8 décembre 1323.

D'or, à la croix de gueules.

Ogeron de Ligron, à Epieds.

D'azur, au cor de chasse d'or, avec son cordon ou baudrier, de gueules, accompagné de trois macles d'argent, 2, 1.

Ogeron de Grollay.

D'argent, à l'aigle éployée de gueules, membrée d'or, à la fasce de même chargée de trois merlettes de sable brochant sur le tout.

Oiron (d'), éc., sgrs de Baugé, p. des Verchers, au XVe siècle.

D'argent, à 3 roses de gueules tigées et feuillées de sinople.

Ollivier (Pierre) , sgr des Fontaines, avocat à Saumur, 1700.

De sinople au cygne d'argent, becqué et membré d'or.

Orléans (d') , ducs de Longueville, sgrs de Montreuil-Bellay.

Écartelé, aux 1 et 4 de France, au lambel d'argent, à la cotice d'argent périe en bande ; au 2 d'or à l'aigle de gueules membrée d'azur ; au 3 burelé d'argent et d'azur, au bâton de gueules, brochant.

Orvaux (d') , éc., sgrs de la Beuvrière et de Champiré.

De sable, à la bande d'argent accostée de cotices d'or.

Orvaux (d') , éc., sgrs de la Guichardière, p. de St-Hilaire-du-Bois.

D'argent, à la fasce de gueules, à l'orle de sable, besantée d'or.

Oudet (Victor) , procureur fiscal à la Seguinière, en 1696.

De gueules, à 2 léopards d'or l'un sur l'autre.

Paillard (François) , éc., sgr de Beauvais, par. de Nueil-sous-Passavant, 1700.

D'argent, au lion de gueules ; au chef d'azur chargé de trois étoiles d'argent.

Paillou (Toussaint) , notaire au May, 1700.
D'or, au lion d'azur.

Pallu de la Fuie (Antoine) , curé de Parnay, 1786.
D'argent, au palmier de sinople sur une terrasse de même, mouvante de la pointe de l'écu, accosté de 2 mouchetures d'hermines de sable.

Palustre (René) , prieur du Puy-Notre-Dame, 1677.
De gueules, à la rivière en fasce, ondée d'argent, chargée d'un cygne de même ; au chef d'or chargé d'une étoile d'azur.

Panneau (Charles) , curé de St-Martin-de-la-Place, mort le 15 mai 1706.

D'azur, à une croix haussée d'argent, plantée dans un cœur au naturel, enflammé de même, la croix embrassée par deux bras de carnation passés en sautoir, sortant de deux nuages d'argent, mouvant des deux flancs de l'écu, le haut de la croix enfilée dans une couronne d'épines de sable, et surmonté de deux mots écrits en lettres d'or : « Amor meus ».

Paris (Elisabeth) , veuve de N. Le Bascle, éc., sgr de la Haie, 1696.

De gueules, à 3 barils d'or, au chef d'argent chargé d'une couronne d'épines de sable.

Parthenay (Aliénor de) , abbesse de Fontevraud, décédée le 12 janvier 1291.

Burelé d'argent et d'azur de dix pièces, à la bande de gueules brochant sur le tout.

Pasquier (Pierre) , bourgeois de Cholet, 1700.

D'azur, à trois paquets d'argent, liés de gueules.

Pateau (Pierre) , à Maulévrier, 1700.

Echiqueté d'or et d'azur.

Paumier (N.) procureur du roi au grenier à sel de St-Remy, 1700.

D'azur, à trois lions d'or, 2, 1.

Payneau (N.) , curé de St-Hilaire-des-Echaubroignes, 1700.

D'argent, à une bande d'azur, accompagnée de 2 croisettes de sable.

Pays (François-Charles) , sgr du Vau, et de la Guérinière, p. de Doué, mort le 16. août 1794.

D'argent, à l'oranger de sinople planté sur un tertre de même, chargé de ses pommes, d'or.

Pelaut, éc., sgrs du Colombier, à Bourgueil.

D'argent, à l'aigle éployée de sable.

Pelé (Clément) , avocat à Saumur, 1700.

De gueules, à trois trèfles d'argent.

Pelisson (Claude-Victor) , prieur du Puy-Notre-Dame, 1689.

D'argent, au sanglier passant, de sable, défendu d'argent.

Pellé (Pierre) , bourgeois de St-Just, 1700.

Coupé d'or et de gueules, au lion aussi coupé de l'un er. l'autre.

Pelourde, éc., sgrs de la Treille, p. de Montreuil-Bellay, XVe siècle.

De gueules, à l'aigle d'or, l'écu semé de croix recroisetées de même, au pied fiché.

Peltier (N.) , marchand orfèvre à Saumur, 1700.

De gueules, à trois besants d'argent.

Perrault , éc., sgrs de la Berthaudière. — Comp. à l'ass. de la nobl. du Saumurois, 1789.

De gueules, au sautoir d'or, accompagné en chef d'un losange d'argent, et en pointe d'une roche de même.

Perrières (de) , éc.

Coticé d'argent et d'azur, au chef de gueules chargé d'un lion léopardé d'or.

Perrin (Jean) , à la Chapelle-Blanche, 1700.

D'azur, à l'agneau pascal d'argent sur un terrain de sinople ; au chef de gueules chargé de trois croissants d'argent ; parti d'or, à 3 bandes d'azur et un chef de même.

Persacq (Louis) , bourgeois de Courchamps, 1700.

D'argent, à deux loups de gueules passant l'un sur l'autre.

Petit, éc., sgrs de la Pichonnière, p. de Charcé.

De sable, à trois croix pattées, d'or, au cœur de même en abîme.

Petit, éc., sgrs de Blaison et de Chemeillé. — Comp. à l'ass. de la nobl. du Saumurois, 1789.

(Mêmes armes que ci-dessus) .

Petit de la Guerche, éc., sgrs de Riou, p. du Voide.
De sable, à la bande d'argent, chargée d'un lion de gueules.

Petitjean (de) , éc., sgrs de Sanziers, 1668.
D'argent, à un bourdon de pèlerin, d'azur, posé en pal.

Peyrat (N. du) , curé du Puy-Notre-Dame, 1480.
D'azur, au château d'or, sommé de trois tours de même, maçonnées de sable.

Phelippeaux, éc., sgrs de Targé, 1655.
D'azur, semé de quintefeuilles d'or ; au franc-quartier d'hermines ; écartelé d'argent, à trois lézards de sinople.

Philbert (N.) , sénéchal de Bourgueil, 1698.
D'azur, à une bande d'argent.

Picard, éc., sgrs de Beauchêne, résidant dans la paroisse de St-Cyr-en-Bourg, 1660.
D'azur, parti de gueules, au chêne d'or, au lion d'argent, sur le gueules appuyé contre le fût de l'arbre.

Pierre-Buffière (de) , chev., sgrs de la Salle, p. de Montreuil-Bellay, 1575.
De sable, au lion d'or.

Pierres (de) , éc., sgrs de la Porte, p. de Vaudelenay, XVIe siècle.
D'or, à la croix pattée et alaisée de gueules.

Piet, éc., sgrs de Beaurepaire, p. de Cléré. — Comp. à l'ass. de la nobl. du Saumurois, 1789.
D'azur, au lion léopardé d'or.

Pigeot (Jacques) , prêtre, 1700.
D'argent, à 3 pigeons d'azur, becqués et membrés de gueules, 2, 1, et une étoile de gueules en corne.

Pignonneau (de) , éc., sgrs de la Fouleresse. — Comp. à l'ass. de la nobl. du Saumurois, 1789.
D'argent, à 5 fusées de gueules en fasce.

Pihan (N.) , notaire à Cholet, 1700.

D'or, à une fasce de gueules chargée de 2 pies d'argent se regardant l'une l'autre.

Pillot (Charles) , curé de Longeron, mort le 15 juin 1721.

D'azur, au pilon d'or, accompagné de trois croissants d'argent 2, 1.

Pillot, éc., sgrs de la Gimonnière, p. du Longeron, 1698.

De sable, à la fasce d'argent accompagnée de trois coquilles de même, 2, 1.

Pirault (N.) , marchand à Cholet, 1700.

D'azur, à deux barbeaux adossés, d'argent.

Piret (N.) , marchand à Maulévrier, 1696.

D'or, à trois fasces ondées d'azur.

Pirmil (de) , chev., sgrs de Mestré, p. de Fontevraud.

Vairé d'or et de gueules.

Pleneau (de) , chev., sgrs de la Motte, p. de St-Lambert-des-Levées.

D'azur, au chevron brisé, d'argent, accompagné de trois maoles de même, posées, 2, 1.

Plessis-Richelieu (du) , ducs. Comp. à l'ass. de la noblesse du Saumurois, 1789.

D'argent, à 3 chevrons de gueules.

Pocé (Marguerite de) , abbesse de Fontevraud, morte le premier octobre 1304.

Echiqueté de... et de...

Poisson, éc., sgrs de Neuville. — Comp. à l'ass. de la nobl. du Saumurois, 1789.

D'azur, au dauphin d'argent, couronné d'or.

Poitras (Jean) , capitaine de bourgeoisie à Saumur, 1700.

D'azur, au sautoir d'or.

Pontlevoy (de), éc., sgrs du Grand-Noizé, p. de Tigné, XVI° siècle.

D'argent, à 3 chevrons de sable ; au chef de gueules.

Porc (le), éc., sgrs de Vézins.

D'argent, au porc de sable défendu et clariné d'argent.

Porte (de la), éc., sgrs de Vézins.

De gueules, au croissant montant d'hermines, resarcelé d'or.

Porte (de la), ducs de la Meilleraye, sgrs de Montreuil-Bellay.

De gueules, au croissant d'argent, chargé de 3 mouchetures d'hermines.

Poulchre (le), éc., sgrs des Briottières.

D'argent, à la fasce d'azur accompagnée de 3 roses de gueules.

Poussineau de Vandeuvre, éc., sgrs de la Ripaille, p. de Brézé, 1737-80. — René-Godefroy Poussineau de Vandeuvre était curé de Parnay en 1758.

D'azur, à une fasce d'argent accompagnée en chef d'un poussin d'or, becqué, crété et membré de gueules, et en pointe d'un lion d'or rampant.

Prévost, éc., sgrs de Montallais, 1700.

D'argent, à 3 hures de sanglier, arrachées de sable, 2, 1.

Prévost (Noël), conseiller du roi en la sénéchaussée de Saumur, 1700.

D'azur, à trois coqs d'or, 2, 1.

Prunier (René), commissaire aux revues et logements des troupes à Montreuil-Bellay. 1700.

De sable, au sautoir d'or, au chef d'argent chargé de trois arbres de sinople.

Puy (du), éc., sgrs de Parnay, XVIII° siècle.

De sinople, à une bande d'or bordée de sable, accompagnée de 6 merlettes aussi d'or, 3 en chef et 3 en pointe.

Puy (Pierre du), abbé de St-Florent-de-Saumur, 1344.

Parti, au 1 d'argent à la bande d'azur accompagnée de 6 roses de gueul.s ; au 2 d'azur, à la croix d'or.

Puy-du-Fou (du), éc., sgrs de Souzigné et de St-Pierre-en-Vaux.

De gueules, à 3 macles d'argent.

Puy-Notre-Dame (la ville du) .

D'or, à une Notre-Dame de carnation vêtue d'azur et de gueules, tenant entre ses bras l'enfant Jésus de carnation.

Puy-Notre-Dame (le Chapitre du) .

De gueules, à une Notre-Dame avec l'enfant-Jésus dans ses bras, assise dans une niche d'or, ayant à ses pieds un écusson chargé de trois fleurs de lis d'or, 2, 1, et un dauphin de même en cœur.

Quatrebarbes (de), chev., sgrs de Marson, au XVᵉ siècle.

De sable, à la bande d'argent accostée de deux cotices de même.

Ragonneau (François), élu à Richelieu, sgr des Romans, p. de St-Hilaire-St-Florent, 1663.

D'argent, à un rosier de trois branches, de sinople, chaque branche chargée d'une rose de gueules ; au chef d'azur chargé de 3 étoiles d'or.

Ratouis (René), curé de Montsoreau, mort le 17 mai 1738.

D'azur, à une tour d'argent ajourée de deux fenêtres et d'une porte, quatre rats adossés de sable, sortant un de chaque fenêtre, et deux de la porte ; deux qui soutiennent à dextre une quenouille d'or posée en pal, les autres deux, à sénestre, soutenant une crosse de même, le tout sur une terrasse de sinople surmonté d'une gloire d'or mouvante du chef.

Rebille (Noël) , à Maulévrier, 1700.
D'or, à cinq trètles d'azur en sautoir.

Redoullé (Marc) , marchand à Saumur, 1700.
De gueules, à une licorne d'argent.

Regnaud (Denis) , marchand à Doué, 1700.
Echiqueté d'or et de gueules.

Regnier, éc., sgrs du Courtioux, résidant dans la p. du Puy-Notre-Dame, vers 1650.
D'argent, au lion de gueules, armé, lampassé et couronné d'or.

Remigioux (de) , éc., sgrs de la Fuie. — Comp. à l'ass. de la nobl. du Saumurois, 1789.
D'or, à trois couleuvres d'argent, ondoyantes, posées en pal.

Remolard, éc., sgrs de Brézé.
De sable, à la fasce de trois pièces d'or.

Renard (Paul) , aux Verchers, 1700.
De gueules, à 3 fasces ondées, d'or.

Renard (N.) , greffier des rôles de la p. des Verchers, 1700.
D'azur, à la tour crénelée et couverte en dôme, d'argent.

Renard (Philippe) , marchand à Saumur, 1700.
D'argent, au cœur de gueules, chargé des lettres P. et R., d'or, entrelacées, et sommé d'un quatre de chiffre de marchand de sable, au pied fiché dans le cœur.

Reveillé, éc., sgrs de Baugé, p. des Verchers (1608), et de la Fosse.
D'azur, au chevron d'or accompagné de 3 étoiles de même, 2 en chef et 1 en pointe, celle-ci supportant un hibou au naturel.

Reveillé (Renée) , à Saumur, 1700.
D'or, à une jumelle d'azur, en bande.

Ribault (Maurice) , curé de Cizay, mort le 19 septembre 1730.

D'azur, au chevron d'or accompagné en chef de deux étoiles d'argent et en pointe d'une montagne à six copeaux de même.

Ribault, éc., sgrs de Varrains, XVe siècle.
De gueules, à la fasce d'azur chargée de trois besants d'or, accompagnée de 3 croix ancrées, d'argent, 2, 1.

Richard (Abel), marchand à St-Remy, 1700.
De gueules, au taureau d'or.

Richaudeau, éc., sgrs de Parnay, de Mongerville et de l'Oisillière. — Comp. à l'ass. de la nobl. du Saumurois, 1789.
D'azur, à trois chevrons d'or.

Rieux (de), chev., sgrs de Cholet et de Cernusson.
D'azur, à dix besants d'or, 4, 3, 2, 1.

Rigault (Jean), marchand et lieutenant de bourgeoisie à Saumur, 1700.
D'azur, au chevron d'or accompagné de trois croissants d'argent, celui de la pointe surmonté d'une étoile d'or.

Rivière-Bueil (de la), chev. — Comp. à l'ass. de la mobl. du Saumurois, 1789.
D'azur, à la fasce d'or de 3 pièces.

Robert (Nicolas), notaire aux Verchers, 1700.
Echiqueté d'argent et de sable.

Robert (René), sgr du Grand-Senil, p. de Montilliers, maire d'Angers, 1715.
Coupé d'azur et d'argent, le premier au lion passant d'or, armé et lampassé de gueules ; le deux à trois roses de gueules, 2, 1.

Robin (Joseph), notaire au May, 1700.
De gueules, à 3 étoiles d'argent.

Robin de la Tremblaye, éc., sgrs de la Tremblaye et de Pimpéan, — et de la Porte, p. de Vaudelenay.

De gueules, à deux clefs d'argent posées en sautoir cantonnées au canton du chef d'une coquille de même, et aux trois autres cantons de 3 trèfles d'or, un dans chaque canton.

Rochechouart-Mortemart (Adélaïde de), morte le 15 août 1704, et Louise-Françoise de Rochechouart-Mortemart, morte le 16 février 1712, toutes deux abbesses de Fontevraud.

Fascé, ondé, d'argent et de gueules de 6 pièces.

Rochefoucaud (de la), chev., sgrs de Meigné, par. de Brézé, XVᵉ siècle.

Burelé d'argent et d'azur de dix pièces, à trois chevrons de gueules, le premier écimé.

Roche-Lambert (de la), éc., sgrs de Somloire.

D'argent, au chevron d'azur ; au chef de gueules.

Roche-Tabuteau (de la), éc.

De gueules, à une croix pattée, d'argent.

Roche-Vernay (de la), éc., sgrs de Verrue et des Morains. — Comp. à l'ass de la nobl. du Saumurois, en 1789.

D'argent, à 3 fasces ondées de gueules.

Rogues (Claude), sénéchal de Maulévrier, 1705.

D'argent, à trois lions de gueules.

Rohan-Guéméné (de), chev., sgrs de Cernusson, — et de Launay, p. de Villebernier.

De gueules, à 9 macles accolées d'or, 3, 3, 3.

Roland des Herbiers, éc.

Pallé d'or et d'azur de 6 pièces à la bande de gueules brochant sur le tout.

Rolland (Louis), chanoine de St-Denis de Doué, 1698.

D'azur, au chevron d'or, accompagné de 3 épis de blé de même.

Romain (de), éc., sgrs de la Sansonnière, p. de St-

Georges-des-Sept-Voies, — de la Possonnière et du Perray. — Comp. à l'ass. de la nobl. du Saumurois, 1789.

D'argent, à l'aigle à deux têtes éployée de sable.

Romans (François de) , éc., sgr de Fline, p. de St-Hilaire-St-Florent. — Comp. à l'ass. de la nobl. du Saumurois, 1789.

D'azur, au chef d'argent, chargé de trois croix pattées, de gueules.

Rondeau (N.) , veuve de Louis Le Doyen, avocat à Saumur, 1700.

D'argent, à trois pals d'azur.

Ronger (N.) , sgr de la Perdrillère, p. de Neuillé.

De sable, à deux lions affrontés, d'or, armés et lampassés de gueules.

Rorthais (Urbain de) , prieur du Puy-Notre-Dame et de Concourson, 1605.

D'argent, à trois fleurs de lis de gueules, à la bordure de sable, besantée d'argent.

Rouault, éc., sgrs du Riou, p. du Voide.

De sable, à 2 léopards d'or l'un sur l'autre.

Rougé (de) , chev., sgrs de la Barbinière et de Cholet. — Comp. à l'ass. de la nobl. du Saumurois, 1789.

De gueules, à la croix pattée d'argent.

Rouger (Nicolas de) , éc., sgrs de la Borde, 1698.

De sable, à 2 lions affrontés, d'or, lampassés et armés de gueules.

Rouleau (N.) , curé de St-Germain de Bourgueil, 1700.

Parti, au 1 de gueules, à un rouleau d'or posé en bande abaissée ; au 2 d'azur, à trois mondes d'or, cintrés et croisés de même, 2, 1.

Roulleau (Joseph) , curé de Vézins, 1688-1733.

D'argent, au Saint Joseph de carnation, vêtu de gueules et d'or, tenant par la main un enfant Jésus aussi de carnation.

Roullet (Jacques) , curé de Lenay, mort le 9 mai 1738.

D'or, à 3 rouleaux de gueules, 2, 1.

Roullin (Bernard) , avocat, intendant de l'abbaye de Fontevraud, 1700.

D'azur, à l'aigle à deux têtes d'or, accompagnée en pointe d'un croissant d'argent, au chef de gueules chargé de 3 étoiles d'argent.

Rousseau (Pierre) , sgr de la Georginière, 1700.

D'argent, à une bande de gueules accostée de 6 roseaux de sable, trois dessus, trois dessous.

Rousseau (Martin) , marchand à Saumur, 1700.

De gueules, à 3 étoiles d'argent posées en bande.

Rousseau (Marie) , femme de Joseph de Masseilles, éc., sgr de l'Ile, 1700.

D'or, à la bande fuselée de gueules.

Rousseau (Guy) , marchand à St-André-de-la-Marche, 1700.

De gueules, fretté d'argent.

Rousseau (Jacques) , à Maulévrier, 1700.

Echiqueté d'or et d'azur.

Rousseau, éc., sgrs de la Boucherie, p. de Mauléon.

D'azur, à 2 roseaux d'or passés en sautoir.

Roux (le) , éc., sgrs de Richesne et de la Roche-des-Aubiers.

Gironné d'argent et de sable.

Roux (Louis Le) , marchand à Maulévrier, 1698.

De sable, à 2 chevrons d'azur.

Rouxellé (de) , chev., sgrs de la Roche-Millet.

D'or, à trois pals d'azur, à une bande ou cotice d'argent, bordée de gueules, brochant sur le tout.

Royrand (de) , éc., sgrs de Bretignolles et d'Aubigné-Briant.

De gueules, à une tête de buffle d'or, accompagnée de trois étoiles de même, 2, 1.

Roze (Melaine) , curé de Mazières, mort vers 1700.

D'azur, à la croix pattée d'or, chargée en cœur d'une rose d'argent brochant sur le tout.

Rozel de Billy (de) , chev., sgrs d'Aigremont. — Comp. à l'ass. de la nobl. du Saumurois, 1789.

D'argent. à trois roseaux au naturel rangés ; au chef endenté de gueules chargé de trois besants d'or aussi rangés.

Rueil (de) , chev., sgrs de la Prézaye, p. de Vivy.

D'or, à 3 aigles éployées et abaissées, de gueules ; au franc-quartier d'azur chargé d'un lion passant d'or.

Saget (Jean) , bourgeois de Saumur, 1700.

D'argent, à trois aigles de sable.

Sailland (André) , marchand à Doué, 1700.

De gueules, au sautoir d'or.

Saint-Amadour (de) , éc., sgrs de Cernusson, XVIe siècle.

De gueules, à trois têtes de loup, arrachées, d'argent.

Sainte-Cécile (de) , éc., sgrs de la Gaucherie-aux-Dames, p. du Voide.

De gueules, au lion d'argent et une bordure componnée d'argent et d'azur.

Sainte-Marthe (de) , éc., sgrs de Neuillé et d'Ambillou, XVIe et XVIIe s.

D'argent, à 5 fusées de sable, rangées en pal, la première et dernière péries dans l'orle ; au chef de sable.

Sainte-Maure (Marie de) , dame de Pocé, p. de Distré, XVe siècle.

D'argent, à une fasce de gueules.

Saint-Florent-de-Saumur (Abbaye de) .

D'or, à pièces emportées sans nombre, de gueules, chacune soutenant un grillet d'argent ; écartelé de gueules à 3 pals de vair, au chef d or chargé à dextre d'une merlette de sable; et sur le tout, de gueules, à 4 fasces d'argent.

Saint-Florent-de-Saumur (La communauté des religieux de) .

D'azur, à la crosse d'or posée en pal, accostée à dextre d'une clef d'argent et à senestre d'une fleur de lis d'or,

Saint-Georges (de) , éc., sgrs de Baugé, p. des Verchers, XVIe s.

D'argent, à la croix de gueules.

Saint-Germain (de) , éc., sgrs des Coutures, p. de Vivy. — Comp. à l'ass. de la nobl. du Saumurois, 1789.

D'argent, au nuage d'azur chargé d'un cœur d'or.

Saint-Germain (Pierre de) , éc., sgr de Placé, capitaine d'infanterie, 1700.

D'azur, à trois têtes de lion arrachées, d'or, lampassées de gueules, et couronnées d'argent.

Saint-Mars (Jean-Marc de) , gouverneur de Saumur, 1578.

De... à 3 besants (ou tourteaux) , de...

Saint-Maur (abbaye de) .

D'azur, à 7 fleurs de lis d'or, 3, 3, 1.

Saint-Offange (de) , chev., sgrs de la Frappinière, du Vivier et de St-Sigismond.

D'azur, au chevron d'argent, accompagné de trois molettes d'éperon de même.

Salles (Charles de) , prieur du Puy-Notre-Dame, 1775.

D'or, au monde de gueules, cintré et croisé d'or, la croix, pattée de gueules, soutenue d'une fleur de lis de même.

Salmon (Guillaume) , marchand à Saumur, 1700.

D'azur, à une fasce d'argent bordée de gueules.

Salmon (Jacques) , marchand à Saumur, 1696.

De sable, au cor de chasse d'argent en chef, et un lévrier courant de même en pointe, accolé de gueules et bouclé d'or.

Salmon (Pierre) , chanoine de St-Pierre-de-Saumur, 1700.

De sinople, à une tour d'argent.

Salmon (Jacques) , avocat à Saumur, 1700.

D'or, à trois pals de sable.

Sancerre (Robert de) , gouverneur de Saumur, 1369.

De sable, fretté d'argent, au chef de même chargé d'un lion issant de gueules ; au lambel de trois pendants de gueules.

Sanglier (de) , chev.. sgrs de Boisrogues et de St-Martin. — Comp. à l'ass. de la nobl. du Saumurois, 1789.

D'or, au sanglier de sable, denté d'argent ; au chef d'azur chargé d'un croissant d'argent, accosté de deux étoiles d'or.

Sanzay (de) , chev., sgrs de St-Macaire-du-Bois.

Echiqueté d'or et de gueules.

Sarcé (de) chev., sgrs de Sarcé. — Comp. à l'ass. de la nobl. du Saumurois, 1789.

D'or, à la bande fuselée de sinople.

Sardet (René) , marchand à Cholet, 1696.

D'or, à 2 pals de gueules ; au chef d'azur chargé de trois poissons d'argent.

Saumur (ville de) .

D'azur, à une ville naissante crénelée de deux créneaux d'argent, soutenue d'une champagne de gueules, chargée d'un S et surmontée d'une fleur de lis d'argent. — Devise : « Mœnia fallunt hostem. »

Les armes de cette ville sont ainsi blasonnées dans les *Recherches sur les fleurs de lis :*

Coupé d'azur sur gueules, par une fasce d'argent crénelée de deux créneaux de même, et maçonnées de sable, et accompagnées en chef de trois fleurs de lis d'or rangées, et en pointe de la lettre S aussi d'or.

Ce dernier texte est aussi celui qui se trouve dans l'*Armorial général* dressé en vertu de l'édit de 1696.

Saumur (le Chapitre de St-Pierre de) .

D'azur, à deux clefs adossées d'or passées en sautoir, liées avec un ruban d'argent et surmontées d'une tiare papale d'or.

Saumur (les prêtres de l'Oratoire de Notre-Dame-des-Ardilliers de) .

D'azur, à un Jésus Maria écrit en lettres d'or, entouré d'une couronne d'épines au naturel.

Saumur (les Ursulines de) .

D'azur, à trois lis d'or mouvant d'une seule tige feuillée de sinople, laquelle sort du milieu d'un buisson d'épines au naturel, avec ces paroles autour : « Lilium inter spinas . »

Saumur (les religieuses de la Fidélité de) .

D'azur, à une vierge portant entre ses bras l'enfant Jésus, d'argent, soutenu d'un croissant de même et entouré de rayons d'or.

Saumur (les religieuses de la Visitation de) .

D'or, au cœur de gueules percé de 2 flèches d'or empennées d'argent, passées en sautoir, au travers du cœur, qui est chargé d'un Jésus maria aussi d'or, la croix de sable mouvant au dessus du cœur, le tout entouré d'une couronne d'épines de sinople, les épines ensanglantées de gueules.

Saumur (les notaires royaux de) .

D'azur, à trois mains d'argent tenant chacune une plume à écrire, d'or, et posées deux et une.

Saumur (les Chirurgiens de) .

D'azur, à un sceptre d'or sommé d'une main dextre apommée
de même, chargée d'un œil au naturel, le sceptre à dextre d'une
lancette d'argent clouée d'or et senestré d'une tasse aussi d'argent.

Saumur (les maîtres barbiers, baigneurs, étuvistes et
perruquiers de) .

D'azur, à une fontaine d'or, jaillissant son eau d'argent dans
trois bassins, les deux premiers ronds et le dernier carré, sur
une terrasse de sinople.

Saumur (les marchands de bois et de charbon de) .

Parti d'argent, coupé par un trait de sable au premier, et une
buche de sinople en pal accostée de deux fagots de même, et au
second trois poches de charbon de sable, couvertes de genêts de
sinople aussi rangées en pal.

Saumur (les Bouchers de) .

De gueules, à un bœuf au naturel passant sur une terrasse de
sinople, orné de fleurs d'or et d'argent entre ses deux cornes autour de son col et sur son dos.

Saumur (les Boulangers de) .

De gueules, à un Saint-Honoré de carnation, habillé d'argent,
chapé, mitré et crossé d' or, tenant sa main sénestre renversée
de sable, emmanchée d'argent, chargée de trois pains d'or mal
ordonnés.

Saumur (les Chapeliers de) .

D'argent, à un chapeau de sable bordé d'or, accompagné de
3 étoiles d'azur, 2 en chef et 1 en pointe.

Saumur (les Charpentiers et Tourneurs de) .

Parti, au premier d'azur, à une charpente de dôme d'argent,
accompagnée en chef d'un compas d'or en pal, à dextre d'une
équerre de même, à senestre et en pointe d'une besaiguë aussi
d'or couchée en fasce et au second de sable, à un lustre ou chan-
delier à huit branches, d'or.

Saumur (les Cordonniers de) .

D'argent, à un Saint-Crépin de carnation habillé de gueules et d'azur, tenant en sa main sénestre une palme de sinople sur un terrain de même.

Saumur (les Couvreurs de) .

D'argent, à une impériale couverte d'écailles d'azur, et les arrêtiers d'or, surmontée d'un petit amour tenant dans sa main dextre un marteau de couvreur et appuyant sa sénestre sur son arc, le tout d'or.

Saumur (les marchands de draps, de soie, de laine et de mercerie de) .

D'azur, à un navire équipé, d'or, surmonté de la lettre S d'argent, accostée de deux étoiles de même.

Saumur (les Droguistes et Epiciers de) .

D'azur, à une Fortune au naturel s'appuyant d'un pied sur une boule d'or et supportée par une roue de gueules voguant sur une mer d'argent, tenant en sa main dextre une écharpe de même, et de sa main sénestre une corne d'abondance, d'or.

Saumur (les marchands faïenciers de) .

De gueules à une urne d'argent, diaprée d'azur, surmontée de deux lacrymatoires aussi d'argent, diaprés d'azur et rangés en chef.

Saumur (les Fondeurs de) .

D'azur, au saint Hubert de carnation, vêtu d'argent, la tête entourée de rayons d'or, à genoux, les mains jointes, tenant un cerf arrêté, au naturel, mouvant du flanc dextre et ayant sur sa tête un crucifix d'or entouré de rayons de même, le saint ayant à son côté sénestre un cor de chasse d'or, lié et suspendu de gueules, et un lévrier couché, au naturel, accolé et bouclé d'or, la tête contournée, le tout sur une terrasse de sinople.

Saumur (les Joailliers et Quincailliers de) .

D'argent au saint Louis de carnation, habillé de pourpre et d'azur, l'azur semé de fleurs de lis d'or, couronné d'une couronne royale aussi d'or, tenant de sa main dextre une couronne d'épines et 3 clous de la Passion, au naturel, et de sa sénestre un sceptre d'or, le tout sur un terrain de sinople.

Saumur (les Lapidaires et Emailleurs de) .

Coupé, au 1 d'azur, à une étoile d'argent ; au 2 d'argent, à une bague de sable, le chaton en haut et autour ces mots : « Sceau des Lapidaires et Baguenaudiers de Saumur. »

Saumur (les Maçons de) .

D'azur, à une règle et une équerre passées en sautoir ; un compas ouvert en chevron, un plomb pendant en pal, le tout d'or entrelacé et lié l'un avec l'autre par un serpent de même, tortillé parmi toutes ces pièces au-dessus desquelles il lève la tête.

Saumur (les Maréchaux-ferrants de) .

De sable, à un saint Eloi de carnation vêtu d'argent, sa chape, sa mitre et sa crosse d'or, ayant en la main dextre un brochoir de même.

Saumur (les Menuisiers de) .

D'azur, à une sainte-Anne contournée de carnation, vêtue d'or, assise sur un siège d'argent, tenant un livre de même sur ses genoux, et ayant devant elle la sainte Vierge, debout, de carnation, vêtue d'or et lisant dans ce livre, le tout sur un terrain de sinople.

Saumur (les Hôtelliers, aubergistes et traiteurs de) .

D'azur, à une étoile rayonnante d'argent.

Saumur (les Orfèvres de) .

De gueules, à une croix engrêlée, cantonnée au premier et quatrième d'un ciboire, au deuxième et troisième d'une couronne, le tout d'or.

Saumur (les Patissiers et Rotisseurs de) .

D'argent, à un saint Michel de carnation, vêtu à la Romaine d'azur, de sinople et d'or, sa main dextre levée, armée d'un cimeterre de gueules, prêt à frapper un diable, de sable, qu'il foule aux pieds dans un feu de gueules.

Saumur (les Peintres, Horlogers et Vitriers de) .

Parti, au premier d'azur, à une fleur de lis d'argent, accompagnée de trois écussons de même, deux en chef et un en pointe, au second d'argent à trois carreaux de gueules, deux et un.

Saumur (les marchands poëliers de) .

D'azur, à un encensoir d'or, tenu suspendu par une main dextre d'argent, sortant en pal d'un nuage de même, mouvante du chef.

Saumur (les Potiers d'étain de) .

De sable, à trois pots d'étain au naturel, 2, 1.

Saumur (les Selliers et Bourreliers de) .

De sable, à un saint Eloi vêtu pontificalement, tenant sa crosse de sa main sénestre, le tout d'argent, et tenant en sa main dex-jre un marteau d'or.

Saumur (les Sergettiers, Bonnetiers et Teinturiers de) .

D'azur, à un peigne de cardeur, le manche en bande, et une carde, le manche en barre, ces deux pièces, d'argent, posées en chef, et des forces aussi d'argent, et une navette de même en pal posées en pointe.

Saumur (les Serruriers de) .

D'azur, à deux clefs d'argent liées ensemble par leur anneau avec un ruban d'or tenu suspendu par une main de carnation sortant d'une nuée d'argent mouvante du haut du flanc sénestre.

Saumur (les Taillandiers et Fabricants de limes de) .

Coupé, au premier de sable, à une cognée de charron d'argent posée en fasce, soutenue d'une dolloire de tonnelier de même, posée en pal, et au second d'argent, à deux limes de sable posées en sautoir.

Saumur (les Tailleurs d'habits de) .

D'azur, à une Trinité au naturel, vêtue d'or et d'argent, entourée d'une gloire d'or supportée par un nuage au naturel, avec ces paroles autour : Sceau des maîtres tailleurs d'habits de Saumur.

Saumur (les Tanneurs, corroyeurs et mégissiers de) .

De sable, à 2 couteaux de tanneur, d'argent, à manches d'or, posés en sautoir.

Saumur (les Tonneliers de) .

D'azur, à un tonneau d'or posé sur son cul, à dextre d'une jauge d'argent, marquée de sable, posée en pal, et sénestré d'une chaîne de tonnelier, aussi d'argent, et posée en pal.

Savary, chev., sgrs de Concourson et de Montsoreau.
De gueules. au lion d'or, couronné d'azur.

Savary (François) , curé de Douces, mort le 6 oct. 1705.
De sable, à un lion d'or.

Savonnières (Anne de) , à Saumur, 1700.
De gueules, à la croix pattée d'or.

Savonnières (de) , chev., sgrs de Neuillé, — et de la Troche, p. du Voide.
(Mêmes armes que ci-dessus) .

Sazilly (Antoine de) , commandeur de la Lande des Verchers, 1524.
D'azur, à 2 léopards de sable, lampassés et armés de gueules.

Sazilly (Pierre de) , gouverneur de Saumur, 1624.
(Mêmes armes que ci-dessus).

Scépeaux (de) , chev., sgrs de Passavant et de Cholet. — Comp. à l'ass. de la nobl. du Saumurois, 1789.
Vairé d'argent et de gueules.

Sebille (Michel) , marchand à Saumur, 1700.
De gueules, à une croix ancrée d'argent.

Sercillier (André le) , curé du Voide, 1700.
De sable, à 2 soleils d'or en chef et une croisette de même en pointe.

Sermandes (Charles) , chanoine de St-Denis-de-Doué, 1700.

Bandé d'argent et de gueules de six pièces.

Serpillon, éc., sgrs de la Brosse, XVII° siècle.
Gironné d'argent et de sable de 12 pièces.

Serrault (Françoise) , veuve de N. de Rondaie, 1700.
Parti d'azur et de gueules, à une fasce d'or accompagnée en chef de 2 molettes d'argent, et en pointe d'un cœur de même.

Sestier (Antoine) , conseiller du roi, receveur des tailles de l'élection de Montreuil-Bellay, 1698.
D'azur, au lis de jardin d'argent, lié de même, et une bordure d'hermines.

Sicogne (Jacques) , avocat à Saumur, 1700.
De gueules, à 3 plumes à écrire, coupées, d'argent.

Simiane (de) , marquis de Gordes, sgrs de Cernusson, XVII° siècle.
D'or, semé de tours et de fleurs de lis d'azur.

Sire (Pierre) , curé de la Romagne, mort en 1705.
D'azur, à une couronne d'or ; au chef d'argent chargé d'une croix de sable.

Soizy (François de) , curé de la Chapelle-Blanche, 1698.
D'or, à 3 bandes d'azur ; au chef de même.

Sourdeau (Jacques) , conseiller du roi aux sièges royaux de Saumur, 1700.
D'azur, à une rose d'argent.

Soussay (de) , éc., sgrs de la Guichardière.
De gueules, à 3 coquilles d'or, 2, 1.

Souvigné (de) , éc.. sgrs de la Roche-Bousseau et de Brossay.
De gueules, à une bande fuselée d'argent.

Souvré (Gilles de) , abbé de St-Florent de Saumur, mort le 19 septembre 1631.
D'azur, à 5 cotices d'or.

Soyer (Urbain) , chanoine de N.-D.-de-Nantilly, en 1700.

De gueules à 3 étoiles d'or.

Talonneau (Claude) , contrôleur au grenier à sel de Bourgueil, 1700.

De sable, au sautoir d'or.

Teard (Étienne) , bourgeois de Cholet, 1700.

D'argent, à une tête de Maure de sable, accompagnée de 3 roses de gueules, 2, 1.

Téligny (de) , chev., sgrs de la Salle, p. de Montreuil-Bellay, XVIe siècle.

De gueules à la bande d'argent, accompagnée en chef d'un croissant montant d'or.

Tertre (René du) , sgr des Roches, lieutenant-particulier à Saumur, 1700.

De sable, à 3 molettes d'or, 2, 1 ; au chef d'argent denché par le haut.

Tertre (François du) , éc., sgr de Savonnières, 1700.
(Mêmes armes que ci-dessus).

Terves (de) , chev., sgrs de Beauregard, Armaillé, Lucé, etc.

D'argent, à la croix de gueules cantonnée de 4 mouchetures d'hermines.

Tessereau, sgrs des Roches.
D'argent, au sautoir de sable.

Thaix (Pierre de) , gouverneur de Saumur, 1385.
D'argent, à 2 fasces d'azur.

Thianges (de) , éc., sgrs du Puy-Girault, XVIIe s.
De gueules, à 3 trèfles d'or, 2, 1.

Thiard de Bissy (Joseph) , abbé de St-Florent de Saumur, 1721-29.

D'or, à 3 écrevisses de gueules posées en pal, 2, 1.

Thibaud (Michel) , notaire à Doué, 1700.

De gueules, à 3 bandes d'argent.

Thibaudeau (James) , curé de Turquand, mort le 18 août 1713.

D'azur, à deux rouleaux d'or passés en sautoir, abaissés, accompagnés de 3 étoiles d'argent posées une en chef et deux aux flancs, et d'un croissant d'argent en pointe.

Thibault (René) , marchand à Saumur, 1700.

D'argent, à une croix ancrée, d'azur.

Thibault-Chambault (Pierre), marchand à St-Georges de Chatelaison, 1700.

Losangé d'or et de sinople.

Thibergeau (de) , éc., sgrs de la Belletière.

D'argent, au chevron de gueules, accompagné de 3 coquilles de même.

Thimbrune de Valence (Marie-Louise de) , abbesse de Fontevraud, morte le 7 mai 1765.

D'azur, à la bande d'or accostée de 2 fleurs de lis de même.

Thoreau, éc., sgrs de la Grimaudière. — Comp. à l'ass. de la nobl. du Saumurois, 1789.

D'azur, au taureau passant, la tête contournée, d'or, regardant deux étoiles de même en chef.

Thorode, éc., sgrs de la Villaine, XVIᵉ siècle.

D'argent, à la bande componnée d'argent et de sable, de 6 pièces, chargée de 3 lionceaux léopardés d'or, un sur chaque compon de sable.

Thory (de) , éc., sgrs de Boumois, XVIᵉ siècle.

D'or, à 3 chevrons de gueules,

Thubert (de) , éc., sgrs de la Chaussée et de Vrillaye. — Comp. à l'ass. de la nobl. du Saumurois, 1789.

De sinople, au chevron d'or, accompagné de 3 tiercefeuilles, ou trèfles, d'argent.

Tibaut (N.) , fermier à Montilliers, 1700.
Pallé d'argent et de gueules de 6 pièces.

Tigné (de) , chev., sgrs de Tigné, XVIe s.
D'argent, à la croix pattée et gironnée de sable et de gueules l'un dans l'autre.

Toulongeon (Jean de) , prieur de Cunaud, 1483.
De gueules, à 3 jumelles d'argent ; écartelé, de gueules, à 3 fasces ondées d'or.

Toulongeon (de) , chev., sgrs de Tigné. — Comp. à l'ass. de la nobl. du Saumurois, 1789.
(Mêmes armes que ci-dessus).

Tournon (François de) , cardinal, archevêque de Bourges, abbé de St-Florent de Saumur, 1537-38.
Parti, au 1 d'azur, semé de fleurs de lis d'or ; au 2 de gueules au lion d'or.

Touvois (de) , éc., sgrs de Touvois.
De gueules, au paon rouant d'or, et des miroirs de sable, ombrés de même.

Travers (Louis) , à Saumur, 1630.
De.. à 3 hures de sanglier de...

Tremblier (du) , éc , sgrs de la Varenne.
D'or au tronc arraché, de sable, ayant 8 tiges de sinople, terminées chacune par une feuille.

Tremoille (de la) , ducs, sgrs de Montreuil-Bellay.
D'or au chevron de gueules accompagné de 3 aiglettes d'azur becquées et membrées de gueules.

Treton (Pierre) , clerc, dans l'élection de Montreuil-Bellay, 1700.
D'argent à 3 chevrons de sable.

Trèves (le prieuré de) .
D'azur au bâton prieural d'argent accosté de 2 tours de même.

Tronchay (Louis du) , éc., sgr de Meigné, p. de Brézé, 1700.

D'azur, à l'aigle au vol abaissé, d'or, regardant un soleil de même, posé au premier canton.

Tudert (de) , chev., sgrs de la Bournalière. — Comp. à l'ass. de la nobl. du Saumurois, 1789. — Anne-Charles de Tudert était commandeur de la Lande des Verchers en 1726.

D'or à 2 losanges d'azur ; au chef de même chargé de 3 besants d'or.

Turpin de Crissé, chev., comtes de Vihiers, sgrs de la Harielle et de Bagneux.

Losangé d'or et de gueules.

Turpineau (Jean) , marchand à la Fougereuse, vers 1700.

D'azur au léopard d'argent.

Tusseau (de) , chev., sgrs de Villepelé, p. de Martigné-Briand.

D'argent à 3 croissants de gueules, 2, 1.

Ucé (Beaudoin d') , chev., sgr de Pocé, p. de Distré, 1272.

Echiqueté d'or et d'azur.

Valette de Champfleury (N.) , sgr de la Varanne, conseiller du roi, élu à Saumur, 1700.

D'argent à la fasce engrêlée de gueules, accompagnée de trois roses de même.

Valette (Clément) , conseiller du roi, élu à Saumur, 1700.

D'azur au chevron d'or accompagné en chef de 2 quintefeuilles d'argent, et en pointe d'une étoile d'or.

Vallain (Louis) , marchand à Ambillou, 1700.

De gueules à une bande d'or chargée d'un lion de sable.

Vallière (Henri de) , éc., sgr du Portal, 1700.

D'or, à 3 têtes de lion arrachées, de sable.

Vallière (Anne de) , femme de René Guillot, éc., sgr de Baussay, 1700.

(Mêmes armes que ci-dessus) .

Vallois (René) , avocat à Suumur, 1700.

De gueules au lion passant d'or.

Vallois (Philippe) , chanoine de Notre-Dame de Nantily, 1700.

De sable à la bande d'argent chargée de 3 molettes de gueules.

Vallois (de) , éc., sgrs des Aulnais. — Comp. à l'ass. de la nobl. du Saumurois, 1789.

D'or au pommier de sinople sur une terrasse de même, fruitté d'or, à 2 lions affrontés, aussi de sinople, appuyés contre le fût de l'arbre.

Valory (de) , chev., sgrs de la Galopinière, p. d'Ambillou. — Comp. à l'ass. de la nobl. du Saumurois, 1789.

D'or, au laurier de sinople, arraché ; au chef de gueules.

Vandel (de) , chev., sgrs de Noyant. — Comp. à l'ass. de la nobl. du Saumurois, 1789.

De gueules, à 3 gantelets d'argent, 2, 1.

Varice, éc. sgrs de la Vignolle, p. de Turquant, — et d'Aubigné. — Comp. à l'ass. de la noblesse du Saumurois, 1789.

De gueules au chevron d'or, accompagné de trois macles de même, 2, 1.

Vassé (de) , chev. — Comp. à l'ass. de la nobl. du Saumurois et du Maine, 1789.

D'or, à 3 fasces d'azur.

Vaugirault (Gabriel de) , prieur de Concourson, en 1575.

D'argent, fretté d'azur.

Vaulaine (Guy de la), marchand à Doué, 1700.

De sinople, à 5 coquilles d'argent posées en sautoir.

Veau (François), fermier de la terre d'Echeuilly, 1700.

D'argent, au lion de sable, couronné de gueules.

Vendôme (de), chev., sgrs de la Bouchardière et de la Varenne, p. de St-Cyr-en-Bourg

D'argent, au chef de gueules, au lion d'azur brochant sur le tout.

Ventadour (Alice de), abbesse de Fontevraud, morte le 11 octobre 1372.

Echiqueté d'or et de gueules.

Verchers (la ville des).

Losangé d'or et de gueules.

Vernou de Bonneuil (de), chev., sgr de la Chaise. — Comp. à l'ass. de la nobl. du Saumurois, 1789.

D'or, au chevron de gueules, à 3 croissants d'azur, 2, 1.

Vert (de), éc., p. de Gennes, — de Courléon et de St-Philbert. — Comp. à l'assemblée de la nobl. du Saumurois, 1789.

Echiqueté d'argent et de gueules.

Vilgrain (François), marchand à Bourgueil, 1700.

D'or, au sautoir de gueules.

Vigné (Michel), marchand à Saumur, 1700.

De sable au sautoir d'argent.

Villemereau (Léger de), prieur de la Roche-aux-Moines, 1672.

D'argent à 3 papegaults de sinople, 2, 1.

Villeneuve (de), éc., sgrs du Cazeau, p. de May. — Comp. à l'ass. de de la nobl. de l'Anjou, 1789.

De gueules à 3 chevrons d'argent chargés de 15 mouchetures

d'hermines de sable, 7 sur le premier chevron, 6 sur le second et 2 sur le troisième.

Villeprouvée (de), éc., sgrs de Trèves.

De gueules à la bande d'or, accostée de 2 cotices de même.

Villiers (de), éc., sgrs de Riaux. — Comp. à l'ass. de la nobl. du Saumurois, 1789.

D'argent à la bande de gueules, accompagnée d'une rose de même en chef.

Violleau (Pierre), marchand à Bourgueil, 1700.

D'argent, à une fasce échiquetée d'or et de gueules.

Viollet (Pierre), entrepreneur des ouvrages pour le roi; à Saumur, 1700.

D'azur, à une croix d'argent, cantonnée de quatre trèfles de même.

Vivier (Joseph du), sgr de la Roulinière, 1700.

D'azur, à 3 côtes de baleine, d'argent, posées en fasce, l'une sur l'autre.

Wall (de), à Distré.

D'argent, à la croix de sable chargée de cinq lions d'or, passants, armés et lampassés de gueules.

Montsoreau, imp. Carré de Busserolle.

9 782329 749761